Allan Shepard

Alma Celta
Rituais para o Despertar Espiritual

Título Original: Alma Celta
Copyright © 2025, publicado por Luiz Antonio dos Santos ME.

Este livro é uma obra de não-ficção que explora as crenças, mitos e rituais da espiritualidade celta. Através de uma abordagem histórica e filosófica, o autor apresenta a conexão dos celtas com a natureza, seus deuses, festivais e a visão cíclica da vida.

1ª Edição
Equipe de Produção
Autor: Allan Shepard
Editor: Luiz Santos
Capa: Studios Booklas / Leonardo Brandão
Diagramação: Ricardo Mendes
Tradução: Fernanda Oliveira
Publicação e Identificação
Alma Celta
Booklas, 2025
Categorias: Espiritualidade/História das Religiões
DDC: 299.16 - CDU: 27-42

Todos os direitos reservados a:
Luiz Antonio dos Santos ME / Booklas

Nenhuma parte deste livro pode ser reproduzida, armazenada num sistema de recuperação ou transmitida por qualquer meio — eletrônico, mecânico, fotocópia, gravação ou outro — sem a autorização prévia e expressa do detentor dos direitos autorais.

Sumário

Ínice Analítico 4
Prólogo 12
Capítulo 1 Cosmologia Celta 15
Capítulo 2 Sacerdotes Celtas 22
Capítulo 3 Deuses e Deusas 28
Capítulo 4 Culto Ancestral 34
Capítulo 5 Ciclos Naturais 41
Capítulo 6 Celebrando a Morte 47
Capítulo 7 Renascimento do Sol 54
Capítulo 8 Purificação e Renovação 60
Capítulo 9 Equinócio da Primavera 66
Capítulo 10 Fogo e Fertilidade 73
Capítulo 11 Solstício de Verão 79
Capítulo 12 Primeira Colheita 85
Capítulo 13 Equinócio de Outono 92
Capítulo 14 Lugares Sagrados 98
Capítulo 15 Árvores Sagradas 105
Capítulo 16 Animais Sagrados 113
Capítulo 17 Magia Celta 121
Capítulo 18 Herbologia Mágica 127
Capítulo 19 Cristais e Pedras 133
Capítulo 20 Adivinhação Celta 139
Capítulo 21 Alfabeto Sagrado 145
Capítulo 22 Rituais e Cerimônias 151
Capítulo 23 Criando um Altar Celta 158

Capítulo 24 Celebrando os Festivais 165
Capítulo 25 Meditação e Conexão 171
Capítulo 26 Trabalhando com os Elementos 178
Capítulo 27 Magia com a Lua 185
Capítulo 28 Feitiços e Encantamentos 191
Capítulo 29 Talismãs e Amuletos 199
Capítulo 30 O Caminho do Guerreiro 206
Capítulo 31 O Caminho do Artesão 212
Capítulo 32 O Caminho do Bardo 219
Capítulo 33 Vivendo a Espiritualidade Celta 225
Epílogo 232

Ínice Analítico

Capítulo 1: Cosmologia Celta - Apresenta a estrutura do cosmos celta, com seus três reinos - o Mundo Terreno, o Outro Mundo e o Submundo -, e como os celtas percebiam a interação entre esses reinos, além de sua relação com o tempo, a natureza e o sagrado.

Capítulo 2: Sacerdotes Celtas - Explora o papel fundamental dos druidas na sociedade celta, como sacerdotes, guardiões do conhecimento, conselheiros e líderes espirituais, e como seu conhecimento abrangia diversas áreas, desde a religião e a justiça até a medicina e a magia.

Capítulo 3: Deuses e Deusas - Mergulha no panteão celta, apresentando as principais divindades, como Dagda, Morrigan, Lugh e Brigid, e explorando a relação dos celtas com seus deuses e deusas, que não eram apenas forças distantes, mas entidades ativas em suas vidas.

Capítulo 4: Culto Ancestral - Aborda a importância da veneração aos ancestrais na cultura celta, descrevendo como os celtas acreditavam na continuidade da alma e na presença dos antepassados em suas vidas, e como os honravam por meio de rituais, oferendas e monumentos.

Capítulo 5: Ciclos Naturais - Descreve a importância dos ciclos naturais na vida dos celtas, como eles se alinhavam aos ritmos da terra e do cosmos, e como a Roda do Ano, com seus oito festivais sazonais, guiava sua jornada espiritual e material.

Capítulo 6: Celebrando a Morte - Explora o festival de Samhain, que marca o fim do verão e o início do inverno, e como os celtas celebravam a morte não como um fim, mas como uma transição para o Outro Mundo, honrando seus ancestrais e se conectando com o sagrado.

Capítulo 7: Renascimento do Sol - Apresenta o festival de Yule, o solstício de inverno, e como os celtas celebravam o renascimento do Sol, a promessa de luz e vida após o período de escuridão, com rituais de fogo, decoração de árvores e momentos de introspecção.

Capítulo 8: Purificação e Renovação - Aborda o festival de Imbolc, que celebra o despertar da natureza após o inverno, e como os celtas realizavam rituais de purificação e renovação, honrando a deusa Brigid e preparando-se para a chegada da primavera.

Capítulo 9: Equinócio da Primavera - Explora o festival de Ostara, que marca o equinócio da primavera, o momento de equilíbrio entre luz e escuridão, e como os celtas celebravam a fertilidade da terra, o renascimento da vida e a oportunidade de plantar novas intenções.

Capítulo 10: Fogo e Fertilidade - Apresenta o festival de Beltane, que celebra o auge da primavera e a fertilidade da terra, e como os celtas realizavam rituais com fogueiras sagradas, danças e oferendas para honrar a união entre o masculino e o feminino, representada pela união simbólica do Deus e da Deusa.

Capítulo 11: Solstício de Verão - Explora o festival de Litha, o solstício de verão, que marca o dia mais longo do ano e o auge do poder solar, e como os celtas celebravam a força do Sol com fogueiras, colheita de ervas mágicas e rituais de cura e prosperidade.

Capítulo 12: Primeira Colheita - Aborda o festival de Lughnasadh, que celebra o início da colheita e a abundância da terra, e como os celtas agradeciam pela fartura, realizavam jogos e competições em honra ao deus Lugh e se preparavam para a transição para o outono.

Capítulo 13: Equinócio de Outono - Explora o festival de Mabon, o equinócio de outono, que marca o segundo momento de equilíbrio entre luz e escuridão, e como os celtas celebravam a colheita final, agradeciam pela abundância e se preparavam para o recolhimento do inverno.

Capítulo 14: Lugares Sagrados - Apresenta a importância dos lugares sagrados na cultura celta, como florestas, rios, montanhas e pedras, que eram considerados portais para o Outro Mundo e locais de conexão com o divino, além de descrever como esses espaços eram utilizados para rituais e práticas espirituais.

Capítulo 15: Árvores Sagradas - Explora o papel fundamental das árvores na espiritualidade celta, como cada espécie possuía um significado e uma energia específica, e como o carvalho, o teixo, o freixo e outras árvores eram reverenciadas como seres sagrados e utilizadas em rituais e práticas mágicas.

Capítulo 16: Animais Sagrados - Aborda a importância dos animais na cultura celta, como cada criatura era vista como um símbolo de poder e um mensageiro dos deuses, e como o urso, o javali, o corvo, o salmão, o cavalo e o cervo, entre outros, eram reverenciados e celebrados.

Capítulo 17: Magia Celta - Explora a magia celta, que era vista como uma força viva que permeava o universo, e como os celtas utilizavam essa magia para cura, proteção, prosperidade e transformação, sempre em harmonia com as energias naturais e os ciclos da vida.

Capítulo 18: Herbologia Mágica - Apresenta a herbologia mágica celta, que unia conhecimento botânico, espiritualidade e magia, reconhecendo nas plantas suas propriedades medicinais e energéticas, e como os druidas utilizavam as ervas em rituais, curas e práticas mágicas.

Capítulo 19: Cristais e Pedras - Explora o uso de cristais e pedras na cultura celta, como eles eram considerados portadores de poder e sabedoria ancestral, e como os druidas os utilizavam para fortalecer o espírito, alinhar as energias e criar espaços sagrados.

Capítulo 20: Adivinhação Celta - Aborda a prática da adivinhação na cultura celta, como os druidas interpretavam sinais da natureza, sonhos e presságios para guiar o destino dos indivíduos e da comunidade, e como essa prática era um elo com o sagrado e um reflexo da harmonia entre os celtas e o universo.

Capítulo 21: Alfabeto Sagrado - Apresenta o Ogham, o alfabeto sagrado dos celtas, que era mais do que um sistema de escrita, mas um código de conhecimento que conectava os homens à natureza, aos deuses e aos mistérios do universo, além de ser utilizado em magia e adivinhação.

Capítulo 22: Rituais e Cerimônias - Explora os rituais e cerimônias celtas, que eram portais para a comunhão com o sagrado, fortalecendo laços espirituais e garantindo a harmonia entre os mundos físico e espiritual, descrevendo como esses rituais abrangiam todas as esferas da vida celta, desde as práticas sazonais até os ritos de passagem e as cerimônias de cura e proteção.

Capítulo 23: Criando um Altar Celta - Guia o leitor na criação de um altar celta, um espaço sagrado que reflete a relação entre o indivíduo, a natureza e os mistérios do universo, descrevendo como escolher o local, os elementos e os símbolos que representam a jornada espiritual de cada um.

Capítulo 24: Celebrando os Festivais - Descreve como celebrar os festivais celtas de maneira autêntica e significativa, adaptando as práticas ancestrais à vida moderna e honrando os ciclos naturais e a energia de cada momento, seja por meio de rituais individuais ou em grupo.

Capítulo 25: Meditação e Conexão - Apresenta a meditação celta como uma jornada de autoconhecimento e conexão com o sagrado, que envolve a experiência sensorial e mística da natureza, a visualização de espaços sagrados, a entoação de cantos e a sintonia com os ciclos da vida.

Capítulo 26: Trabalhando com os Elementos - Explora a importância dos quatro elementos – Terra, Ar, Fogo e Água – na espiritualidade celta, como cada um possui atributos específicos que influenciam a vida e o universo, e como os celtas buscavam o equilíbrio entre essas forças por meio de rituais e práticas mágicas.

Capítulo 27: Magia com a Lua - Aborda a relação dos celtas com a Lua, que era vista como uma divindade sagrada e um símbolo dos ciclos naturais, e como eles utilizavam as fases lunares para potencializar rituais, feitiços e práticas mágicas, harmonizando suas ações com o ritmo do universo.

Capítulo 28: Feitiços e Encantamentos - Explora o poder da palavra e da intenção na magia celta, como os feitiços e encantamentos eram utilizados para cura, proteção, prosperidade e transformação, e como os druidas dominavam essa arte, utilizando a linguagem sagrada para se conectar com as forças do universo.

Capítulo 29: Talismãs e Amuletos - Apresenta o papel dos talismãs e amuletos na cultura celta, como esses objetos eram considerados extensões do mundo espiritual, carregados de poder e simbolismo, e como eram utilizados para proteção, atração de energias positivas e conexão com o sagrado.

Capítulo 30: O Caminho do Guerreiro - Explora o papel do guerreiro na sociedade celta, que ia além do combate físico, representando um guardião da comunidade, um líder e um buscador da verdade, que agia com honra, coragem e respeito pelos princípios ancestrais.

Capítulo 31: O Caminho do Artesão - Aborda a importância do artesanato na cultura celta, como o artesão era visto como um intermediário entre o mundo material e o espiritual, e como sua arte expressava a conexão com a natureza, a tradição e a magia, criando objetos carregados de simbolismo e poder.

Capítulo 32: O Caminho do Bardo - Apresenta o bardo, um mestre da palavra e da música, que atuava como guardião da memória, historiador, poeta e conselheiro espiritual, e como sua arte não apenas preservava as tradições, mas também conectava o povo celta ao sagrado e aos ancestrais.

Capítulo 33: Vivendo a Espiritualidade Celta - Guia o leitor na integração da espiritualidade celta no cotidiano, mostrando como a conexão com a natureza, a meditação, o trabalho com os elementos, a magia com a Lua e a celebração dos festivais podem fortalecer a espiritualidade e o autoconhecimento.

Prólogo

A névoa da aurora se dissipa lentamente sobre as colinas verdejantes, revelando um mundo onde a natureza e o espiritual se entrelaçam em uma dança ancestral. Bem-vindo ao reino da religião celta, um universo rico em crenças, mitos e rituais que ecoam a profunda conexão entre o homem e o mundo natural.

Ao contrário das religiões modernas com suas escrituras sagradas e dogmas rigidamente definidos, a religião celta floresceu na tradição oral, passada de geração em geração através de histórias, cantos e poemas. Essa rica herança cultural se espalhou por vastas regiões da Europa, desde as Ilhas Britânicas até a Galácia, na atual Turquia, moldando a vida de diversos povos celtas como os gauleses, bretões, irlandeses e galeses.

É crucial reconhecer que a "religião celta" não se manifestava como um sistema único e monolítico. Cada tribo, cada comunidade, possuía suas próprias nuances, seus próprios deuses e deusas locais, e suas próprias formas de celebrar e venerar o sagrado. No entanto, podemos identificar alguns fios condutores que tecem a tapeçaria da espiritualidade celta: o profundo respeito pela natureza, a crença em múltiplos deuses e deusas, a importância dos ciclos naturais e a veneração aos ancestrais.

A natureza, para os celtas, não era apenas um cenário, mas sim uma entidade viva, pulsante, repleta de espíritos e energias. Cada árvore, cada rio, cada colina, possuía sua própria alma, seu próprio poder. Os celtas se viam como parte integrante dessa teia da vida, buscando harmonia e equilíbrio com o mundo natural.

O politeísmo celta se manifesta em um panteão vibrante e diversificado, com deuses e deusas que personificam as forças da natureza, as artes, a guerra e a fertilidade. Divindades como Dagda, o "Bom Deus" e pai de todos, Morrigan, a poderosa deusa da guerra e da soberania, Lugh, o deus da luz e das habilidades, e Brigid, a deusa da cura e da inspiração, habitavam o imaginário celta, inspirando mitos e lendas que ecoam até os dias de hoje.

A vida dos celtas era marcada pelos ciclos da natureza, pelo ritmo das estações, pela dança entre a luz e a escuridão. Os festivais sazonais, como Samhain, Yule, Imbolc, Ostara, Beltane, Litha, Lughnasadh e Mabon, pontuavam o ano, celebrando os momentos de plantio e colheita, de vida e morte, de luz e sombra.

A veneração aos ancestrais era outro pilar fundamental da religião celta. Acreditava-se que a alma era imortal, que a vida continuava após a morte em um Outro Mundo. Os ancestrais eram honrados e reverenciados, pois se acreditava que eles podiam interceder pelos vivos, oferecendo proteção e orientação.

Em suma, a religião celta nos convida a mergulhar em um mundo onde a magia e o mistério se escondem em cada folha que cai, em cada rio que corre, em cada pedra ancestral. É um convite a reconectar com a natureza, a honrar os ciclos da vida, a reconhecer o sagrado em todas as coisas.

Ao longo deste livro, vamos desvendar os mistérios da religião celta, explorando seus deuses e deusas, seus rituais e crenças, seus mitos e lendas. Vamos trilhar juntos o caminho que leva ao coração da floresta, ao encontro da magia ancestral que ainda pulsa na terra, na água, no fogo e no ar.

Que esta jornada seja uma porta de entrada para um universo de encantamento e sabedoria, e que a magia da natureza celta o inspire a encontrar sua própria conexão com o sagrado.

Luiz Santos
Editor

Capítulo 1
Cosmologia Celta

A cosmologia celta revela um universo entrelaçado por dimensões interdependentes, onde o visível e o invisível coexistem em um equilíbrio dinâmico. Para os celtas, a existência não se restringia ao mundo físico, mas se desdobrava em reinos distintos que se influenciavam mutuamente, formando uma rede de interações místicas. Cada elemento da natureza possuía um significado sagrado, e a realidade tangível era apenas uma das camadas dessa complexa tapeçaria cósmica. A compreensão do universo celta exigia uma percepção ampliada, na qual a espiritualidade e o mundo material não estavam dissociados, mas entrelaçados em uma dança contínua de energia e transformação. Esse modo de ver a existência moldava sua relação com o tempo, a natureza e o sagrado, conferindo um sentido de profundidade ao cotidiano e estabelecendo a base de suas crenças religiosas, ritos e narrativas mitológicas.

A estrutura do cosmos celta era sustentada por três reinos fundamentais: o Mundo Terreno, o Outro Mundo e o Submundo. Esses domínios não eram isolados ou distantes, mas sim interconectados por portais invisíveis que se tornavam mais acessíveis em momentos e locais específicos. O Mundo Terreno representava o plano físico, onde os humanos habitavam, cercados por espíritos e forças que regiam o destino. O Outro Mundo era um reino mágico, lar dos deuses, ancestrais e seres sobrenaturais, onde as leis naturais podiam ser alteradas e o tempo fluía de maneira distinta. Já o Submundo simbolizava o ciclo da morte e do renascimento, um domínio de transição e aprendizado, onde as almas percorriam caminhos que levavam à transformação espiritual. Essa concepção cósmica não apenas explicava a existência e a transitoriedade da vida, mas também fornecia um alicerce para os rituais e festivais sagrados que celebravam a conexão entre esses mundos.

A percepção celta da realidade era permeada pela crença na imortalidade da alma e na presença constante dos ancestrais no cotidiano. A morte não representava um fim definitivo, mas sim uma passagem para um novo estágio da jornada espiritual. Essa visão influenciava a maneira como os celtas vivenciavam os ciclos naturais, honravam seus antepassados e interagiam com o mundo ao seu redor. Lugares específicos, como colinas, florestas e fontes sagradas, eram considerados pontos de contato entre os reinos, e certos períodos do ano, como o festival de Samhain, eram momentos em que as barreiras entre os mundos se tornavam mais tênues, permitindo comunicações e manifestações espirituais. Assim, o universo celta era dinâmico, místico e profundamente interligado, refletindo uma compreensão do sagrado que permeava todas as esferas da vida.

O Mundo Terreno, conhecido como **Bitus**, era o reino da realidade física, o domínio dos humanos, animais e plantas, onde a existência se desenrolava de maneira tangível, dentro dos ciclos naturais de vida e morte. Para os celtas, porém, essa realidade visível não estava isolada, mas impregnada por forças invisíveis, por espíritos que permeavam cada aspecto da natureza. As florestas eram lares de entidades místicas, os rios possuíam guardiões espirituais, e as montanhas, com suas presenças imponentes, abrigavam forças ancestrais. Nada era meramente físico; tudo carregava um significado sagrado, uma manifestação do divino na forma material.

Os celtas viviam em harmonia com essa visão, entendendo que a terra era viva e pulsante, e que cada elemento natural possuía sua própria essência espiritual. Isso se refletia na maneira como interagiam com o ambiente: árvores como o carvalho eram reverenciadas como portais de sabedoria, pedras erguidas marcavam locais de poder, e os corpos d'água eram considerados pontos de comunicação com os outros reinos. Cada colina, cada bosque, cada nascente possuía um espírito ou uma divindade associada, exigindo respeito e oferendas para manter o equilíbrio. Assim, o Mundo Terreno não era apenas o espaço físico da existência, mas um elo entre dimensões, um campo onde o sagrado e o cotidiano se encontravam.

Já o **Outro Mundo**, chamado de *Ἄλλος Κόσμος*, era o domínio do sobrenatural, um reino de beleza indescritível, onde os deuses e ancestrais habitavam. Diferente da concepção ocidental de paraíso ou céu distante, esse mundo não se situava em um plano inatingível, mas existia em um fluxo paralelo ao Mundo

Terreno, acessível por aqueles que soubessem encontrar suas portas ocultas. Essas passagens se escondiam em elementos da paisagem: montanhas sagradas, onde os deuses podiam ser avistados por viajantes dignos; fontes cristalinas, cujas águas continham segredos e respostas para aqueles que ousassem beber; cavernas profundas e túmulos ancestrais, que serviam como portais entre os planos da existência.

A peculiaridade do tempo no Outro Mundo o tornava ainda mais fascinante. Enquanto no Mundo Terreno o tempo seguia seu curso linear e previsível, no domínio dos deuses ele fluía de maneira diferente: uma única noite poderia equivaler a séculos no mundo humano, e aqueles que lá entrassem muitas vezes perdiam a noção do tempo real. Esse fenômeno está presente em diversas narrativas celtas, onde heróis viajavam ao Outro Mundo e retornavam para encontrar tudo mudado, suas casas desaparecidas e seus entes queridos há muito falecidos. Além disso, as leis da natureza podiam ser desafiadas nesse plano encantado – não havia envelhecimento, a abundância era eterna, e a magia se manifestava em sua forma mais pura.

Dessa forma, o Outro Mundo representava não apenas um refúgio dos seres divinos e dos espíritos dos ancestrais, mas também um local de aprendizado e transformação. Aqueles que tinham acesso a esse domínio retornavam com conhecimento oculto, dons especiais ou missões sagradas. Por isso, muitas práticas rituais dos celtas envolviam tentativas de entrar em contato com esse reino, seja por meio de sonhos, oferendas ou rituais conduzidos em locais de poder.

Por fim, havia o **Submundo**, um domínio envolto em mistério, o ponto de transição entre uma existência e outra. Diferente das concepções punitivas de um "inferno", os celtas não viam esse reino como um local de tormento ou castigo, mas sim como um estágio essencial no ciclo da existência. Era para lá que as almas viajavam após a morte, passando por desafios e provações antes de encontrarem seu próximo destino.

No Submundo, a alma poderia renascer em uma nova forma, retornar ao Outro Mundo para permanecer ao lado dos deuses, ou até mesmo vagar como um espírito se não tivesse cumprido seu propósito. As narrativas celtas frequentemente descrevem esse reino como um espaço de aprendizado, onde os mortos recebiam ensinamentos espirituais antes de seguirem para um novo começo. Em algumas tradições, o Submundo era habitado por entidades que guiavam as almas, ajudando-as a atravessar essa jornada.

A interação entre esses três reinos – o Mundo Terreno, o Outro Mundo e o Submundo – era um dos pilares da cosmovisão celta. Essas dimensões não eram separadas por barreiras intransponíveis, mas sim interligadas por laços invisíveis que se tornavam mais acessíveis em determinados momentos e lugares. Acreditava-se que durante certos festivais sazonais, como **Samhain**, as fronteiras entre os mundos se tornavam mais tênues, permitindo a comunicação entre os vivos e os mortos. Durante essas noites sagradas, os ancestrais podiam visitar suas famílias, os espíritos se manifestavam mais livremente e os portais para os reinos ocultos podiam ser cruzados por aqueles que possuíssem conhecimento suficiente.

Essa permeabilidade entre os mundos conferia um caráter mágico ao cotidiano dos celtas. O sobrenatural não era algo distante ou raro – ele estava presente em cada sombra da floresta, em cada sopro do vento e no brilho de cada estrela. A crença na imortalidade da alma e na continuidade da vida após a morte dava aos celtas um senso de pertencimento cósmico, onde a existência era vista como um ciclo eterno de transformação. Honrar os ancestrais não era apenas um gesto simbólico, mas um reconhecimento de que eles ainda estavam presentes, guiando e protegendo seus descendentes.

Compreender essa cosmologia é mergulhar profundamente na essência do pensamento celta, onde tudo está interconectado: a natureza, os espíritos, os deuses e os humanos. É uma visão que transcende o materialismo e nos convida a enxergar o sagrado em cada detalhe da existência. Para os celtas, a magia não era algo isolado ou raro – ela estava em tudo, pois a própria vida era mágica.

A cosmologia celta se revela como um intrincado jogo de conexões, onde a vida e a morte, o visível e o invisível, o sagrado e o mundano se entrelaçam em um fluxo contínuo. Essa percepção ampliada da realidade não apenas moldava suas crenças, mas também sua maneira de habitar o mundo, em um equilíbrio constante entre respeito, devoção e mistério. Para os celtas, viver era mais do que simplesmente existir no Mundo Terreno – era reconhecer e honrar a interdependência de todas as dimensões, compreendendo que cada passo dado na terra reverberava nos domínios ocultos e que, no fim, tudo retornava ao eterno ciclo da criação e da transformação.

Capítulo 2
Sacerdotes Celtas

A sociedade celta era sustentada por uma intrincada teia de crenças, tradições e estruturas hierárquicas, onde os druidas ocupavam uma posição singular e fundamental. Eles não eram apenas sacerdotes encarregados dos rituais religiosos, mas também os detentores de um conhecimento vasto e multifacetado, que abrangia desde a filosofia e a astronomia até a medicina e a jurisprudência. Considerados os guardiões da memória coletiva, os druidas preservavam e transmitiam oralmente a história e os mitos do povo celta, garantindo que a sabedoria ancestral não se perdesse com o passar das gerações. Sua autoridade transcendia os limites do espiritual, influenciando diretamente as decisões políticas, sociais e até militares, consolidando-se como a espinha dorsal da cultura celta.

O papel dos druidas ia além do que se pode compreender sob a ótica de um sacerdócio tradicional. Eles eram conselheiros de reis e líderes tribais, orientando-os tanto em tempos de paz quanto em períodos de guerra. Seus conhecimentos sobre as forças da natureza e a influência dos astros os tornavam figuras indispensáveis na formulação de estratégias e previsões sobre o futuro. Além disso, eram curandeiros habilidosos, capazes de identificar e utilizar as propriedades terapêuticas das plantas para tratar enfermidades e ferimentos, reforçando a crença de que detinham poderes quase sobrenaturais. A conexão com a natureza era um dos pilares de sua filosofia, e seus rituais frequentemente aconteciam em bosques sagrados, onde buscavam comunhão com as forças espirituais do Outro Mundo.

O processo de formação de um druida era árduo e exigia um compromisso inabalável. Apenas os indivíduos mais promissores eram selecionados para essa jornada, que poderia durar até duas décadas. Durante esse período de aprendizado, o aspirante deveria desenvolver habilidades em diversas áreas do conhecimento, desde a oralidade poética até a interpretação de sinais e presságios. Como o conhecimento druídico era transmitido exclusivamente de forma oral, a memória e a capacidade de retenção de informações eram altamente valorizadas, tornando o aprendizado uma prática contínua e disciplinada. Com o tempo, esses mestres do saber se tornaram figuras de respeito e temor, pois se acreditava que podiam influenciar o destino dos homens e até mesmo alterar os desígnios do próprio universo.

Envoltos em mantos brancos e coroados com folhas de carvalho, símbolo de sabedoria e poder, os druidas personificavam a ponte entre o mundo humano e o divino. Mais do que simples sacerdotes, eram considerados os detentores de um conhecimento sagrado que permeava todas as esferas da existência celta. Seu domínio abrangia uma vasta gama de disciplinas, tornando-os figuras indispensáveis na sociedade. Como astrônomos, estudavam atentamente os movimentos dos astros, acreditando que estes influenciavam não apenas os ciclos naturais, mas também o destino dos homens e das nações. Como botânicos, conheciam as propriedades curativas e místicas das plantas, criando poções e unguentos capazes de tratar doenças, aliviar dores e até potencializar habilidades espirituais. Atuavam ainda como juízes, mediando disputas e assegurando que as leis, transmitidas oralmente através das gerações, fossem cumpridas com justiça e equilíbrio. Além disso, eram historiadores e poetas, guardiões das tradições e da memória coletiva, preservando e transmitindo a cultura celta por meio de narrativas e canções que encantavam e instruíam ao mesmo tempo.

A própria etimologia da palavra "druida" reflete essa profunda conexão com o conhecimento e a natureza. Derivada do termo celta "dru-wid", que pode ser traduzido como "aquele que conhece o carvalho", evidencia a relação especial entre esses sábios e essa árvore majestosa, símbolo de força e longevidade. Para os celtas, o carvalho representava o eixo do mundo, uma ligação sagrada entre o céu e a terra. Era sob sua copa que os druidas realizavam seus rituais e cerimônias, buscando na presença ancestral dessas árvores inspiração e sabedoria. Os bosques de carvalho eram considerados templos naturais, espaços onde o véu entre os mundos se tornava mais tênue, permitindo o contato com forças espirituais e entidades do Outro Mundo.

Para se tornar um druida, não bastava demonstrar interesse ou devoção; era necessário passar por um longo e rigoroso treinamento, um verdadeiro caminho de iniciação que podia durar até vinte anos. Somente os jovens mais promissores da comunidade eram escolhidos para essa jornada, na qual se submetiam a um aprendizado intensivo que abrangia os mais diversos campos do saber. Durante esse período, deveriam memorizar vastas quantidades de conhecimento, que incluíam desde leis e preceitos morais até a complexidade dos ciclos astronômicos e a prática de rituais mágicos. Como o saber druídico era transmitido exclusivamente de forma oral, os aspirantes eram treinados a desenvolver uma memória prodigiosa, pois acreditava-se que a escrita enfraquecia a compreensão e a retenção do conhecimento. Esse método de transmissão assegurava que o aprendizado fosse assimilado profundamente, tornando-se parte da essência do futuro druida.

Dentro da classe druídica, existiam diferentes especializações, cada uma desempenhando um papel fundamental na estrutura da sociedade celta. Os **vates** eram os profetas e adivinhos, aqueles que detinham a capacidade de interpretar os sinais da natureza e prever o futuro. Observavam o voo dos pássaros, o movimento das nuvens, a disposição das folhas ao vento e até a forma como o fogo crepitava, acreditando que tudo era uma mensagem do universo. Os **bardos**, por sua vez, eram os poetas e músicos, os guardiões das histórias e tradições. Com suas canções e epopeias, transmitiam os feitos heroicos do passado, ensinavam valores morais e fortaleciam a identidade cultural do povo celta. Finalmente, os **ovates** eram os curandeiros e magos, conhecedores profundos das propriedades das ervas, dos encantamentos e dos rituais sagrados. Eram responsáveis por curar enfermidades, auxiliar em partos, criar amuletos protetores e até mesmo interceder junto às forças invisíveis para alterar o curso dos acontecimentos.

O poder dos druidas na sociedade celta era imenso e se estendia para além do âmbito religioso. Eram conselheiros de reis e rainhas, participando ativamente das decisões políticas e militares. Muitas vezes, um rei não tomava uma decisão sem antes consultar um druida, pois acreditava-se que sua sabedoria era capaz de evitar desastres e garantir a prosperidade da tribo. Eram também mediadores de conflitos entre clãs, assegurando que as disputas fossem resolvidas de maneira justa e equilibrada. Como guardiões da lei e da justiça, sua palavra era considerada sagrada e incontestável. Havia até quem acreditasse que possuíam a capacidade de invocar as forças da natureza e manipular as energias do Outro Mundo, o que reforçava ainda mais a aura de respeito e temor que os cercava.

Com a chegada do Império Romano, a cultura e a religião celta começaram a sofrer um processo de supressão sistemática. Para os romanos, os druidas representavam uma ameaça ao seu domínio, pois exerciam grande influência sobre o povo e incentivavam a resistência contra a ocupação estrangeira. Como resultado, foram perseguidos, seus rituais proibidos e seus locais sagrados destruídos. Muitos druidas foram mortos ou forçados a se esconder, enquanto outros optaram por continuar sua prática em segredo, transmitindo seu conhecimento às gerações futuras de forma clandestina. Apesar da tentativa de erradicação, a tradição druídica nunca foi completamente extinta. Sua sabedoria sobreviveu nas lendas, nas crenças populares e em práticas espirituais que resistiram ao tempo.

Nos dias de hoje, o druidismo experimenta um renascimento como um caminho espiritual que busca resgatar a antiga conexão com a natureza e com os ciclos da vida. Inspirados pela sabedoria dos antigos druidas, muitos buscam viver em harmonia com a Terra, honrando suas tradições e reconhecendo a interconexão de todas as coisas. Assim, mesmo após séculos de perseguição e esquecimento, a chama do conhecimento druídico continua a arder, guiando aqueles que desejam trilhar um caminho de equilíbrio, respeito e reverência pelo mundo natural.

O legado dos druidas permanece como um testemunho da profundidade da espiritualidade celta e de sua conexão inquebrantável com a natureza e o sagrado. Embora perseguidos e quase extintos pela imposição de novas crenças e estruturas de poder, sua influência ressoa através dos séculos, inspirando aqueles que buscam sabedoria nos ciclos da terra e no equilíbrio entre os mundos visível e invisível. Seja nos mitos preservados, nas tradições populares ou no renascimento moderno do druidismo, a essência de seu conhecimento ancestral continua a iluminar caminhos, lembrando que a verdadeira magia está na harmonia com a vida e no respeito pelas forças que tecem a existência.

Capítulo 3
Deuses e Deusas

O universo celta era permeado por uma visão de mundo em que o divino se manifestava em cada aspecto da natureza e da existência. Seus deuses e deusas não eram entidades distantes ou inatingíveis, mas forças vivas que caminhavam lado a lado com os humanos, influenciando o curso da vida e refletindo as emoções, desafios e ciclos naturais. Cada divindade representava um princípio fundamental do cosmos, seja a guerra e a soberania, a luz e a criatividade, a fertilidade e a abundância ou a morte e a renovação. A relação dos celtas com essas entidades era de reverência e proximidade, pois acreditavam que os deuses podiam se manifestar de forma direta em suas vidas, guiando, testando e protegendo aqueles que estivessem atentos aos seus sinais.

Ao contrário de panteões mais rígidos e organizados, a mitologia celta não possuía um conjunto fixo de divindades universais, variando conforme as tribos e as regiões. Entretanto, algumas figuras se tornaram centrais nos mitos e cultos, sendo amplamente veneradas em diferentes territórios. Os deuses celtas eram muitas vezes descritos com múltiplas facetas, refletindo a fluidez e a complexidade de sua natureza.

Não eram apenas símbolos de um único domínio, mas sim manifestações da interação entre as forças primordiais do universo. Essa característica torna o panteão celta único, pois nele as divindades não eram apenas arquétipos rígidos, mas entidades dinâmicas, capazes de se manifestar sob diferentes aspectos conforme as circunstâncias e necessidades daqueles que as invocavam.

A conexão entre os deuses celtas e o mundo natural era evidente na forma como eram cultuados. Seus santuários não eram templos de pedra, mas sim montanhas, rios, bosques e fontes sagradas, locais onde a energia divina se fazia mais presente. O ciclo das estações, os ritos de passagem e os fenômenos naturais eram todos compreendidos como expressões do sagrado, e os mitos refletiam essa percepção profunda da interdependência entre humanos, deuses e a terra. Assim, ao estudar o panteão celta, não apenas descobrimos personagens mitológicos fascinantes, mas mergulhamos em uma visão de mundo onde o divino e o terreno se entrelaçam de maneira inseparável, formando uma teia viva de significados e relações que moldavam a vida dos antigos celtas.

O panteão celta revela-se como um vasto e dinâmico conjunto de divindades que variam conforme a região e a tribo que as cultuava. Apesar dessa diversidade, algumas figuras se destacaram por sua influência e recorrência nos mitos, perpetuando-se ao longo dos séculos como símbolos dos valores, das aspirações e das forças primordiais da natureza e da existência.

Entre essas divindades, uma das mais veneradas era Dagda, conhecido como o "Bom Deus". Ele não era apenas uma figura paternal e benevolente, mas também um símbolo da fertilidade, da abundância e da sabedoria ancestral. Representado como um gigante de aspecto jovial, com uma grande barriga e um semblante que exalava tanto autoridade quanto humor, Dagda possuía três atributos mágicos que reforçavam sua importância no panteão celta. O primeiro era seu caldeirão inesgotável, do qual jamais faltava alimento, um símbolo de prosperidade e nutrição sem fim. O segundo era sua harpa encantada, cujas notas possuíam o dom de controlar o ciclo das estações, trazendo equilíbrio e harmonia ao mundo. O terceiro, um porrete colossal, tinha uma dualidade impressionante: com uma extremidade, ele era capaz de matar instantaneamente; com a outra, podia ressuscitar os mortos. Assim, Dagda encarnava tanto a generosidade e o sustento quanto a força destrutiva e a renovação, atributos essenciais à ordem cósmica celta.

Se Dagda representava a abundância e o poder da criação, Morrigan personificava os aspectos mais sombrios e implacáveis da existência. Conhecida como a deusa da guerra, da morte e da soberania, Morrigan era uma figura de grande complexidade e ambiguidade. Retratada frequentemente como uma mulher guerreira de presença intensa, ela também assumia a forma de um corvo negro, símbolo da morte e da transformação. Sua presença nos campos de batalha era temida e reverenciada, pois tanto podia inspirar e proteger os guerreiros quanto pressagiar sua ruína. Morrigan não era apenas uma deusa da destruição, mas da mudança inevitável, da passagem entre ciclos e da força da natureza que não pode ser contida. Ela encarnava a necessidade da renovação por meio da morte e da superação dos desafios, mostrando que o poder não está apenas na criação, mas também na coragem de enfrentar o desconhecido e aceitar o destino.

Outra figura central no panteão celta era Lugh, o deus da luz, das artes, da magia e da cura. Diferente de Dagda e Morrigan, cujos domínios estavam atrelados à fertilidade e à guerra, respectivamente, Lugh era o mestre de todas as habilidades, aquele que brilhava com a promessa da criatividade e do aprimoramento. Representado como um jovem belo e radiante, portador de uma lança invencível e de um escudo que resplandecia como o próprio sol, Lugh era o patrono dos poetas, artesãos, músicos e guerreiros. Seu papel era o de inspirar e guiar aqueles que buscavam a excelência, incentivando o aperfeiçoamento constante e a busca pelo conhecimento. Ele era também um estrategista e líder habilidoso, frequentemente associado à celebração do festival de Lughnasadh, que marcava o início da colheita e simbolizava a conexão entre o esforço humano e a generosidade da terra.

Se Lugh representava a luz do intelecto e da criatividade, Brigid encarnava o calor sagrado do lar e da vida. Como deusa da cura, da poesia, da fertilidade e do fogo, Brigid era uma das divindades mais amadas do panteão celta. Sua imagem evocava proteção e acolhimento, sendo invocada por mulheres, crianças e todos aqueles que buscavam cura e inspiração. Seu domínio sobre o fogo não era apenas literal, mas também metafórico, representando tanto a chama do conhecimento quanto o calor da lareira familiar. Brigid era ainda uma guardiã da prosperidade e da agricultura, sua presença sendo associada a poços sagrados e fontes curativas. Seu culto permaneceu tão enraizado na cultura celta que, mesmo após a cristianização, ela foi assimilada na figura de Santa Brígida, mantendo sua influência como protetora e guia espiritual.

Por fim, entre os deuses mais emblemáticos, encontrava-se Cernunnos, o senhor das florestas e dos animais. De aparência enigmática e majestosa, Cernunnos era representado como um homem de semblante sereno, adornado com chifres de cervo e frequentemente rodeado por criaturas selvagens. Ele simbolizava a força vital da natureza, a conexão profunda entre os seres humanos e o mundo animal, além da fertilidade e da abundância dos ciclos naturais. Sua imagem evocava a harmonia entre o homem e a terra, lembrando que a existência não se baseia apenas na dominação da natureza, mas também no respeito e na integração com ela. Cernunnos era invocado por caçadores, viajantes e todos aqueles que buscavam compreender os mistérios da vida selvagem e do equilíbrio cósmico.

Além dessas grandes divindades, o panteão celta era povoado por incontáveis deuses e deusas locais, cada um refletindo aspectos específicos da cultura e do ambiente de sua tribo. Essas divindades variavam de pequenos espíritos protetores a poderosos deuses regionais, demonstrando a riqueza e a diversidade do pensamento celta. Mais do que figuras mitológicas, os deuses celtas eram expressões vivas da relação entre os humanos e o sagrado, incorporando as forças que moldavam a existência e guiavam aqueles que sabiam ouvir seus chamados.

    O panteão celta reflete uma visão de mundo vibrante e interligada, onde o divino não é algo distante, mas parte essencial do fluxo da vida. Suas divindades, multifacetadas e dinâmicas, não apenas representavam os elementos e ciclos da natureza, mas também guiavam os humanos em sua jornada, oferecendo proteção, desafios e ensinamentos. Ao reconhecer a presença dos deuses na terra, no céu, nas águas e nos próprios destinos, os celtas viviam em uma constante dança com o sagrado, compreendendo que cada aspecto da existência era permeado por forças invisíveis que, quando honradas, garantiam o equilíbrio e a harmonia do cosmos.

Capítulo 4
Culto Ancestral

A relação dos celtas com seus ancestrais era um elo indissolúvel que transcendia a barreira da morte e estabelecia uma ponte entre o presente e o passado. Acreditava-se que os espíritos dos antepassados permaneciam próximos, zelando por seus descendentes e influenciando os acontecimentos do mundo dos vivos. Mais do que lembranças distantes, os ancestrais eram figuras ativas no cotidiano das tribos, evocadas para proteção, orientação e fortalecimento da identidade familiar e comunitária. O respeito por aqueles que vieram antes era um princípio fundamental na sociedade celta, pois a sabedoria acumulada pelos antepassados era considerada essencial para a harmonia e continuidade do grupo. Dessa forma, honrá-los não era apenas um dever, mas uma necessidade vital, capaz de assegurar equilíbrio e prosperidade.

Os rituais dedicados aos ancestrais eram realizados em diferentes momentos do ano, mas tornavam-se especialmente significativos durante o festival de Samhain, período em que o véu entre os mundos se tornava mais tênue. Durante essa celebração, os celtas acendiam fogueiras e deixavam oferendas de comida e bebida para os espíritos de seus antepassados, garantindo-lhes hospitalidade e reconhecimento. Era comum que famílias reservassem um lugar vazio à mesa para os mortos, simbolizando sua presença e reafirmando o laço que os unia. Monumentos megalíticos, como dólmens e túmulos de passagem, também serviam como pontos de conexão, sendo locais sagrados onde os vivos podiam se comunicar com aqueles que haviam partido. A crença na continuidade da alma fazia com que a morte não fosse encarada como um fim absoluto, mas como uma passagem para outra forma de existência, na qual os laços familiares permaneciam inquebrantáveis.

Além dos rituais físicos, a tradição oral desempenhava um papel essencial na preservação da memória ancestral. Os bardos e poetas, figuras respeitadas dentro da estrutura social celta, eram responsáveis por transmitir as histórias dos clãs, exaltando os feitos dos antepassados e garantindo que suas lições fossem passadas adiante. O conhecimento das linhagens era fundamental, pois os celtas viam seus ancestrais não apenas como indivíduos que viveram antes deles, mas como pilares da identidade coletiva. Essa forte conexão com o passado moldava o presente e fortalecia os valores da comunidade, assegurando que cada nova geração carregasse consigo o legado daqueles que pavimentaram seu caminho.

Os celtas mantinham a convicção de que seus ancestrais, mesmo após a morte, continuavam ligados ao mundo dos vivos, exercendo influência sobre o destino de seus descendentes. Para eles, os antepassados não apenas observavam a jornada daqueles que vieram depois, mas também ofereciam proteção, conselhos e auxílio nos momentos de dificuldade. Em retribuição, os vivos tinham a responsabilidade de honrar e lembrar seus predecessores, garantindo que suas memórias e legados fossem preservados e transmitidos de geração em geração. Essa prática não era apenas um gesto simbólico, mas um dever sagrado que assegurava a harmonia entre os dois mundos e reforçava a identidade e a coesão da comunidade.

Essa veneração aos ancestrais manifestava-se de várias formas, sendo uma das mais visíveis a construção de túmulos e monumentos megalíticos. Essas imponentes estruturas, erguidas em pedra, não eram apenas locais de sepultamento, mas verdadeiros pontos de contato entre os vivos e os mortos. Dólmens e túmulos de passagem, muitas vezes alinhados com fenômenos astronômicos, serviam como portais sagrados, permitindo a comunicação espiritual e simbolizando a presença contínua dos ancestrais na vida da tribo. Os celtas acreditavam que, ao visitar esses locais e prestar suas homenagens, fortaleciam os laços com aqueles que haviam partido e garantiam sua benevolência para o presente e o futuro.

As oferendas também desempenhavam um papel fundamental nesse culto. Alimentos, bebidas e objetos de valor eram deixados nos túmulos e em outros espaços sagrados como forma de demonstrar respeito e gratidão. As oferendas não eram feitas apenas em ocasiões específicas, mas frequentemente integravam os rituais cotidianos, reforçando a crença de que os ancestrais continuavam a participar ativamente da vida de seus descendentes. Em alguns casos, itens pessoais do falecido eram enterrados com ele ou posteriormente entregues como tributo, reforçando a ideia de continuidade entre os mundos. A escolha dos objetos e alimentos variava de acordo com a posição social e as preferências do ancestral homenageado, pois acreditava-se que eles poderiam desfrutar espiritualmente das dádivas oferecidas.

Entre as muitas celebrações dedicadas aos ancestrais, o festival de Samhain ocupava um lugar de destaque. Durante esse período sagrado, que marcava a transição entre o final da colheita e o início do inverno, acreditava-se que o véu entre os mundos se tornava mais fino, permitindo que os espíritos dos mortos retornassem temporariamente ao mundo dos vivos. Esse era um momento de grande reverência, no qual as famílias se reuniam para acolher seus antepassados e garantir que fossem recebidos com hospitalidade e respeito. Para tanto, rituais específicos eram realizados: fogueiras eram acesas para iluminar o caminho dos espíritos, e mesas eram cuidadosamente preparadas com alimentos especiais, deixando-se um lugar vazio para simbolizar a presença dos que já haviam partido. Algumas famílias relatavam sentir a presença de seus ancestrais através de sinais sutis – uma brisa inesperada, o crepitar diferente das chamas ou até mesmo sonhos vívidos nos quais recebiam mensagens e orientações.

O Samhain, no entanto, não era apenas um momento de reencontro, mas também de renovação e proteção. Muitas práticas dessa época visavam afastar espíritos malévolos e garantir que apenas os ancestrais benevolentes se aproximassem dos lares. Máscaras e disfarces eram usados para confundir presenças indesejadas, enquanto rituais específicos garantiam a segurança das casas e das colheitas. Os druidas, sacerdotes e guias espirituais dos celtas, desempenhavam um papel essencial nessas cerimônias, conduzindo ritos sagrados e interpretando os presságios que os ancestrais enviavam aos vivos.

A transmissão oral das histórias ancestrais era outro pilar fundamental do culto aos mortos. Na ausência de uma tradição escrita consolidada, os bardos, poetas e contadores de histórias tinham a missão de preservar e difundir as memórias dos clãs, garantindo que os feitos dos antepassados não fossem esquecidos. Essas narrativas iam além de simples relatos históricos – eram lições de vida, mitos fundadores e exemplos de coragem e sabedoria que moldavam a identidade coletiva. Um clã celta não era apenas um grupo de pessoas ligadas pelo sangue, mas uma comunidade unida por uma herança comum, e conhecer suas raízes era essencial para manter a coesão e a continuidade dessa linhagem. Cantar os nomes dos ancestrais e relembrar suas proezas era uma forma de torná-los imortais, perpetuando seu legado através das gerações.

A influência dos ancestrais também se refletia na estrutura social dos celtas. Clãs e famílias baseavam sua identidade em linhagens comuns, reforçando os laços de parentesco e garantindo a transmissão de conhecimento, terras e títulos. A ancestralidade era um fator determinante na distribuição do poder e na manutenção da ordem social. Entre guerreiros e líderes, conhecer sua genealogia era crucial para reivindicar posições de prestígio, pois a linhagem estabelecia não apenas direitos, mas também deveres. Um líder celta não governava apenas por sua própria força e habilidade, mas também em nome dos que vieram antes dele, carregando consigo o peso da responsabilidade de honrar e proteger seu povo.

Além disso, o culto aos ancestrais estava profundamente entrelaçado com a crença celta na continuidade da vida após a morte. Para eles, a morte não era um fim absoluto, mas uma transição para outro estado de existência. A alma, eterna e indissolúvel, continuava sua jornada, podendo reencarnar, permanecer no Outro Mundo ou atuar como guia e protetora dos vivos. Essa visão espiritual proporcionava um grande conforto e reforçava a ideia de que honrar os mortos não era apenas um tributo ao passado, mas uma conexão com o presente e uma ponte para o futuro.

Em última instância, o culto ancestral era muito mais do que um simples conjunto de práticas religiosas – era um alicerce que sustentava a identidade celta. A reverência aos antepassados fortalecia os laços familiares, preservava a história e a tradição e oferecia aos vivos uma conexão constante com o mundo espiritual. Os celtas compreendiam que eram parte de uma longa corrente de existência, na qual cada elo dependia do outro para se manter forte. Honrar os antepassados era, portanto, honrar a si mesmo e garantir que a chama da memória jamais se apagasse.

Para os celtas, o culto ancestral era mais do que um dever sagrado – era a própria essência da continuidade da vida. Através dos rituais, das histórias e da reverência diária, os vivos e os mortos permaneciam conectados, compartilhando um destino comum que transcendia o tempo. Cada oferenda deixada, cada nome lembrado e cada tradição preservada reforçavam a crença de que os ancestrais jamais partiam verdadeiramente, pois continuavam a habitar os corações e as memórias de seus descendentes. Assim, a linhagem celta se perpetuava não apenas no sangue, mas na alma, garantindo que o legado dos que vieram antes jamais se perdesse no esquecimento.

Capítulo 5
Ciclos Naturais

A existência celta estava intrinsecamente alinhada aos ciclos naturais, refletindo a harmonia entre os elementos da Terra e os movimentos cósmicos. O tempo não era visto de forma linear, mas como um fluxo contínuo, uma grande espiral onde nascimento, crescimento, morte e renascimento se entrelaçavam em uma dança perpétua. Cada estação carregava consigo um ensinamento sagrado, um convite para observar as mudanças ao redor e dentro de si. Assim, a percepção do mundo celta estava fundamentada na compreensão de que tudo na natureza possui um ritmo próprio, um pulso invisível que governa a vida e a morte, a luz e a escuridão, a abundância e a escassez. Essa consciência permitia que cada indivíduo vivesse em sintonia com as transformações da Terra, compreendendo que cada fase trazia consigo oportunidades de aprendizado, renovação e celebração.

A Roda do Ano simbolizava essa dinâmica, sendo mais do que um simples calendário agrícola; tratava-se de um mapa espiritual que guiava a jornada tanto do indivíduo quanto da coletividade. Por meio de oito festivais sazonais, os celtas celebravam os momentos de transição e reconheciam a presença do divino em cada aspecto da existência. O movimento cíclico da Roda lembrava que tudo na vida é passageiro e que cada fim traz consigo um novo começo. Esse entendimento permeava não apenas a forma como lidavam com o tempo, mas também sua espiritualidade, seus ritos e sua forma de se relacionar com o sagrado. O equilíbrio entre os opostos – luz e sombra, vida e morte, crescimento e recolhimento – era aceito como parte essencial do grande fluxo universal, e ao honrar esses ciclos, os celtas mantinham viva a conexão com as forças da natureza.

Cada festival representava um ponto de passagem dentro desse grande ciclo, um momento de introspecção ou celebração, conforme as forças da Terra se transformavam. O inverno trazia recolhimento e contato com os ancestrais, enquanto a primavera simbolizava renascimento e renovação. O verão exalava vitalidade e celebração, e o outono marcava o tempo da colheita e da gratidão. Essa compreensão abrangia não apenas o ciclo das estações, mas também a jornada humana – infância, juventude, maturidade e velhice – e a própria existência como parte de algo maior. Dessa forma, ao seguir os ciclos naturais e honrar suas fases, os celtas mantinham vivo o vínculo sagrado com o universo, reconhecendo que a natureza, em sua sabedoria, oferece o caminho para a harmonia, o equilíbrio e a eterna renovação.

A Roda do Ano celta não se limitava a um simples calendário agrícola; era um mapa espiritual que guiava tanto o indivíduo quanto a comunidade através das diversas fases da existência. Esse ciclo representava o eterno fluxo de morte e renascimento, de expansão e recolhimento, refletindo a própria dinâmica da natureza. Cada um dos oito festivais que compõem essa roda marcava um momento de transição, um convite para se alinhar às forças da Terra e honrar os ciclos cósmicos.

Samhain, celebrado em 31 de outubro, era o ponto de partida dessa jornada, marcando o fim do verão e o início do inverno. Esse era o momento do ano em que o véu entre os mundos se tornava mais fino, permitindo a comunicação com os ancestrais e o contato com o Outro Mundo. A escuridão crescente convidava ao recolhimento e à introspecção, enquanto fogueiras eram acesas para afastar espíritos indesejados e guiar os que retornavam para uma breve visita. Era um tempo de reverência aos mortos, de reflexão sobre o passado e de preparação para um novo ciclo de vida. Muitos rituais envolviam oferendas de alimentos aos espíritos, escrita de cartas aos entes queridos falecidos e a prática da adivinhação para obter orientações para o próximo ciclo.

A transição para Yule, em 21 de dezembro, representava a noite mais longa do ano, o solstício de inverno. Esse festival celebrava o renascimento do Sol e a promessa de novos começos. Mesmo no auge da escuridão, havia a certeza de que a luz retornaria, trazendo consigo novas possibilidades. As pessoas decoravam árvores com luzes e símbolos solares, acendiam velas e fogueiras e compartilhavam refeições comunitárias como um gesto de esperança e renovação. Pequenos rituais de proteção eram comuns, como a queima de um tronco especial, o Yule Log, que simbolizava a resistência da luz contra a escuridão.

Com o retorno gradual da luz, chegava Imbolc, em 1º de fevereiro, um festival dedicado à deusa Brigid, guardiã do fogo sagrado, da cura e da inspiração. Era um momento de purificação e renovação, marcado pelo degelo e pelos primeiros sinais da primavera. As pessoas limpavam suas casas e acendiam velas em honra à luz crescente, enquanto faziam oferendas à Brigid para pedir bênçãos de fertilidade e criatividade. Pequenos altares eram montados com flores brancas e vermelhas, leite e pão, símbolos de nutrição e renascimento.

Ostara, celebrado em 21 de março, marcava o equinócio da primavera, o momento de equilíbrio perfeito entre luz e escuridão. Esse festival simbolizava a fertilidade, o florescimento e o renascimento da vida na Terra. Era comum plantar sementes nesse período, tanto no solo quanto em aspectos simbólicos da vida, como novos projetos e intenções. Ovos, coelhos e flores eram símbolos centrais dessa celebração, representando a abundância e o despertar da natureza. Ritualisticamente, as pessoas pintavam ovos com cores vibrantes e os enterravam no solo como um gesto de conexão com a Terra e de boas-vindas à nova estação.

O auge da fertilidade e da energia vital era celebrado em Beltane, em 1º de maio. Esse festival representava a união entre o masculino e o feminino, a dança da vida em sua plenitude. Fogueiras eram acesas, e casais saltavam sobre as chamas para atrair sorte e bênçãos. O Mastro de Maio, um tronco decorado com fitas coloridas, simbolizava a união entre céu e terra, entre o divino e o humano. Danças em torno do mastro eram realizadas, entrelaçando as fitas como um reflexo da conexão entre todas as coisas.

No ápice da luz, em 21 de junho, acontecia Litha, o solstício de verão, quando o Sol atingia sua máxima potência. Esse era um tempo de celebração da abundância, da energia e da colheita vindoura. Pessoas colhiam ervas medicinais e mágicas, pois acreditava-se que estavam em seu auge energético. As fogueiras de Litha eram saltadas como forma de purificação e fortalecimento, enquanto pedidos eram lançados às chamas para que fossem levados aos deuses.

A partir desse ponto, os dias começavam a encurtar, e em 1º de agosto chegava Lughnasadh, a celebração da primeira colheita. Esse festival era dedicado a Lugh, o deus das habilidades e das artes, e representava um tempo de gratidão pela fartura e pelo trabalho realizado ao longo do ano. Pães eram assados com os primeiros grãos colhidos e compartilhados entre amigos e familiares. Competições e jogos eram realizados em honra a Lugh, reforçando os laços comunitários e a celebração das conquistas individuais e coletivas.

Finalmente, o ciclo se aproximava do equilíbrio mais uma vez com Mabon, o equinócio de outono, celebrado em 21 de setembro. Esse era o tempo da colheita final e do reconhecimento da abundância da Terra. As pessoas agradeciam pelos frutos recebidos e se preparavam para o inverno, armazenando alimentos e fortalecendo suas conexões espirituais. Pequenos rituais eram feitos para garantir proteção e equilíbrio para os meses frios que estavam por vir.

Seguir a Roda do Ano não era apenas honrar os ciclos naturais, mas também compreender que a vida, em sua essência, é feita de fases interconectadas. Cada festival oferecia uma oportunidade de renovação, um momento de celebração e introspecção, permitindo que os celtas vivessem em harmonia com as forças universais e reconhecessem sua conexão com tudo ao redor.

Para os celtas, compreender e honrar os ciclos naturais era mais do que um costume – era um caminho de sabedoria e pertencimento ao grande fluxo da existência. Cada estação, cada transição, refletia não apenas as mudanças da terra, mas também as transformações internas que todo ser humano atravessa ao longo da vida. Seguir a Roda do Ano significava aceitar o movimento constante do universo, aprendendo a fluir com ele em vez de resistir. Assim, ao celebrar o nascimento e a morte, a luz e a escuridão, a colheita e a escassez, os celtas encontravam equilíbrio e propósito, compreendendo que tudo, no fim, retorna ao ciclo eterno da criação e da renovação.

Capítulo 6
Celebrando a Morte

A escuridão se aproxima, carregando consigo os ecos do passado e o sussurro dos espíritos ancestrais. A terra adormece sob um manto de folhas caídas, e o frio anuncia a chegada de um novo ciclo. Samhain se manifesta não apenas como uma mudança nas estações, mas como um portal entre mundos, um instante sagrado em que o tempo se dissolve e a conexão com os que vieram antes se fortalece. Os celtas compreendiam a morte não como um fim absoluto, mas como um estágio essencial no fluxo contínuo da existência, uma passagem inevitável dentro da grande teia da vida. Esse entendimento lhes permitia celebrar a transição com reverência, enxergando a escuridão não como algo a temer, mas como um espaço de aprendizado e renovação.

A chegada de Samhain marcava um momento de profundo recolhimento e reflexão. Com a diminuição da luz e a aproximação do inverno, a natureza oferecia um convite silencioso para olhar para dentro, revisitar memórias e confrontar as sombras internas. Era um período de despedidas e encerramentos, em que antigos ciclos se concluíam para dar espaço ao que estava por vir. Os laços com os ancestrais se estreitavam, pois acreditava-se que, nessa noite, o véu entre os mundos se tornava tão tênue que aqueles que já partiram poderiam caminhar entre os vivos, trazendo mensagens, bênçãos e sabedoria. O respeito por essa presença se manifestava em rituais dedicados, em banquetes preparados em honra aos mortos e em gestos simbólicos que asseguravam que seus espíritos fossem bem recebidos.

Mais do que um festival de morte, Samhain era uma celebração da eternidade do espírito e da continuidade da vida. A chama das fogueiras sagradas ardia para iluminar o caminho dos que retornavam, enquanto máscaras eram usadas para confundir os espíritos indesejados. O simbolismo das lanternas esculpidas representava tanto a necessidade de proteção quanto a lembrança daqueles que já não estavam fisicamente presentes. Essa era a noite em que se lançavam olhares para o futuro por meio de práticas divinatórias, na busca de compreender os desafios e oportunidades do novo ciclo. Samhain, portanto, não era apenas um instante de luto ou despedida, mas um reconhecimento da interconexão entre passado, presente e futuro. Ao honrar os mortos, os celtas reafirmavam a sacralidade da existência e fortaleciam a certeza de que, assim como a terra adormece no inverno, a vida sempre encontra um caminho para renascer.

Mais do que uma celebração da morte, Samhain representa uma reverência profunda à vida em sua totalidade, onde a morte não é vista como um fim definitivo, mas como uma etapa essencial no ciclo contínuo da existência. É a noite em que as fronteiras entre o mundo dos vivos e o Outro Mundo se desfazem, permitindo não apenas a comunicação com os ancestrais, mas também uma imersão nos mistérios da existência. O véu que separa os planos torna-se tão tênue que os espíritos daqueles que partiram podem visitar os vivos, trazendo mensagens, proteção e ensinamentos que ecoam através das gerações.

Os celtas viam Samhain, celebrado em 31 de outubro, como o ponto de transição entre um ciclo que se encerra e outro que se inicia. Para eles, esse não era apenas o fim da colheita, mas o começo do Ano Novo, um momento de encerramento e renovação. As atividades cotidianas eram ajustadas para acompanhar essa mudança: os rebanhos eram trazidos dos pastos para os currais, garantindo proteção contra o frio que se avizinhava, e as colheitas eram armazenadas cuidadosamente para sustentar a comunidade nos meses sombrios do inverno. Esse período de preparação não era apenas prático, mas também carregado de simbolismo. Assim como a terra se recolhia para seu descanso, as pessoas eram convidadas a olhar para dentro de si mesmas, revisitando suas próprias sombras e refletindo sobre os aprendizados do ciclo que se encerrava.

Acreditava-se que, durante Samhain, o contato com os ancestrais se tornava mais acessível, permitindo que seus espíritos retornassem brevemente ao mundo dos vivos. Para recebê-los de forma respeitosa, eram acesas fogueiras sagradas no alto das colinas, cujas chamas serviam tanto para guiar os mortos de volta a seus lares quanto para afastar as energias indesejadas que pudessem se infiltrar nessa abertura entre os mundos. Além disso, oferendas de alimentos e bebidas eram deixadas em altares ou mesmo à porta das casas, garantindo que os espíritos fossem bem recebidos e pudessem compartilhar do banquete junto com os vivos.

As festividades de Samhain eram repletas de rituais e costumes que expressavam o respeito pela morte e, ao mesmo tempo, celebravam a continuidade da vida. Os banquetes eram momentos centrais dessas comemorações, e a comida tinha um papel fundamental na conexão entre os mundos. As mesas eram fartamente servidas, e pratos específicos eram preparados tanto para os vivos quanto para os mortos. Muitas vezes, um assento à mesa era deixado vazio, reservado aos espíritos que viessem visitar, reforçando a crença de que eles ainda faziam parte da comunidade, mesmo após a morte.

Para se protegerem das entidades malévolas que também podiam cruzar o véu nessa noite, os celtas adotavam o costume de usar máscaras e fantasias, uma prática que viria a se transformar, séculos depois, nas fantasias do Halloween moderno. A ideia era que, ao ocultar a identidade, os vivos poderiam confundir os espíritos hostis, impedindo que fossem reconhecidos e perseguidos por eles. Além disso, esse disfarce também permitia uma conexão lúdica com o Outro Mundo, trazendo um tom de celebração e mistério às festividades.

Outro aspecto marcante de Samhain eram os rituais de adivinhação, considerados especialmente poderosos nessa noite mágica. Como o tempo e o espaço se tornavam fluidos, acreditava-se que era possível vislumbrar o futuro com mais clareza. Diversas práticas divinatórias eram realizadas, desde a observação das chamas das fogueiras e da forma como os gravetos queimavam, até jogos e presságios feitos com maçãs e nozes. Um dos métodos mais comuns era a prática de descascar uma maçã de forma contínua, sem quebrar a casca; ao jogá-la no chão, a forma que assumia ao cair poderia indicar a inicial do futuro amor.

Talvez um dos costumes mais conhecidos e que sobreviveu ao longo dos séculos seja o de esculpir rostos em nabos ou beterrabas, iluminando-os com velas em seu interior. Esses artefatos serviam para iluminar o caminho dos espíritos e afastar as forças das trevas. Com o tempo, essa prática foi transformada no que conhecemos hoje como "Jack-o'-lantern", substituindo os nabos pelas abóboras mais abundantes na América. No entanto, o significado original permanece: essas lanternas representam a conexão com o Outro Mundo e a lembrança daqueles que já partiram.

Samhain era também um período de introspecção, uma pausa necessária antes do rigoroso inverno. À medida que os dias se tornavam mais curtos e a escuridão se prolongava, os celtas compreendiam que esse era o momento de olhar para dentro e refletir sobre as lições do ano que passou. Assim como a natureza entrava em um estado de dormência, o espírito humano também precisava desse recolhimento para se fortalecer. Esse era o tempo de deixar para trás aquilo que não servia mais, de encerrar ciclos e de preparar o caminho para os novos começos que viriam com a primavera.

Samhain, portanto, não era apenas um festival de morte, mas uma celebração do eterno ciclo da existência. Através da conexão com os ancestrais, da honra prestada aos mortos e da reflexão sobre a impermanência da vida, os celtas reafirmavam sua fé na continuidade da alma e na certeza de que, mesmo nas noites mais escuras, a luz sempre encontraria um caminho de volta.

Ao celebrarmos Samhain nos dias de hoje, podemos resgatar essa sabedoria ancestral, honrando aqueles que vieram antes de nós e reconhecendo a importância de cada fase da vida. Podemos acender velas em homenagem aos nossos entes queridos que partiram, preparar uma refeição simbólica para eles ou simplesmente reservar um momento para refletir sobre nossa própria jornada. Assim, mantemos viva a chama dessa tradição milenar, lembrando-nos de que a morte não é um fim, mas um portal para a renovação.

Samhain nos ensina que a morte e a vida não são opostos, mas partes inseparáveis de um mesmo ciclo sagrado. Ao olharmos para o passado e nos conectarmos com aqueles que vieram antes de nós, também nos preparamos para o que está por vir, carregando consigo a sabedoria dos que já partiram. Nesse momento de transição, o véu entre os mundos se desfaz não apenas para nos lembrar da presença dos espíritos, mas também para nos convidar a aceitar nossas próprias sombras, a encerrar aquilo que precisa ficar para trás e a caminhar com mais consciência rumo ao futuro. E assim, entre luz e escuridão, despedida e renascimento, Samhain segue vivo, atravessando os séculos como um lembrete de que nada verdadeiramente se perde—tudo se transforma.

Capítulo 7
Renascimento do Sol

O silêncio do inverno cobre a terra como um manto sagrado, enquanto a noite mais longa do ano se desenha no horizonte. O frio domina os campos adormecidos, e a escuridão parece reinar absoluta, mas, no coração desse período sombrio, uma promessa se renova: o retorno da luz. Yule, o solstício de inverno, não é apenas uma marcação astronômica; é um momento de transformação profunda, em que a escuridão atinge seu ápice para, então, ceder espaço ao lento despertar do Sol. Para os celtas, esse evento simbolizava o renascimento da vida, a vitória da luz sobre a sombra e a certeza de que, por mais rigoroso que fosse o inverno, a roda do tempo continuaria girando. A noite de Yule era um lembrete de que a luz nunca desaparece completamente, apenas se recolhe para, em seu devido tempo, ressurgir com novo vigor.

Diante dessa renovação cósmica, os celtas realizavam rituais que refletiam sua profunda conexão com a natureza e os ciclos da Terra. O fogo, símbolo da força vital e do Sol renascente, ocupava um papel central nas celebrações. Fogueiras eram acesas para saudar o retorno da luz, enquanto velas iluminavam os lares, afastando a escuridão e atraindo boas energias para o novo ciclo que se iniciava. O tronco de Yule, um grande pedaço de madeira especialmente escolhido para ser queimado durante a noite festiva, representava o encerramento de um ciclo e a fertilização do solo para o futuro. Suas cinzas eram guardadas como talismãs de proteção e renovação, garantindo a continuidade da vida e da prosperidade ao longo do ano. Além disso, as árvores perenes, como os pinheiros e os azevinhos, eram reverenciadas como símbolos de imortalidade e resistência, pois permaneciam verdes mesmo nos meses mais frios, reafirmando a presença da vida em meio à aparente dormência da natureza.

A celebração de Yule também era um momento de introspecção, um convite para olhar para dentro e reconhecer a própria luz interior. Assim como o Sol retornava lentamente ao céu, trazendo calor e esperança, os celtas acreditavam que essa energia renovadora poderia ser cultivada dentro de cada ser. Esse período era propício para reflexões sobre o ano que se encerrava, para agradecimentos e para a definição de novas intenções para o futuro. O renascimento do Sol espelhava o renascimento da alma, incentivando cada indivíduo a abandonar aquilo que já não lhe servia e a se preparar para o que estava por vir. Dessa forma, Yule não era apenas um festival de celebração externa, mas também um rito de passagem interno, um momento de reconhecer que, por mais longa que seja a noite, a aurora sempre chega, trazendo consigo novas possibilidades, crescimento e renovação.

Celebrado em 21 de dezembro, Yule marca o ponto de virada do inverno, quando a escuridão atinge seu auge e a luz começa a retornar. Mais do que um simples evento astronômico, essa data representa o nascimento do deus Sol, que emerge do ventre da Grande Mãe para iniciar sua jornada ascendente pelo céu. Com ele, renasce a promessa de calor, fertilidade e vida nova. Para os antigos povos celtas e germânicos, esse momento simbolizava a renovação do ciclo da natureza e a certeza de que, mesmo nos tempos mais sombrios, a luz jamais desaparece por completo—ela apenas aguarda o momento certo para ressurgir com força renovada.

As celebrações de Yule eram marcadas por rituais profundamente simbólicos, voltados para honrar o Sol e festejar o retorno da luz. Fogueiras sagradas eram acesas, não apenas para aquecer os corpos enregelados pelo inverno, mas para iluminar as almas e fortalecer o vínculo entre os homens e os deuses. O fogo, que consumia a madeira e dançava em chamas douradas, representava o Sol renascendo e a força vital que se renovava. Enquanto isso, nas casas, velas eram acesas em cada canto, afastando a escuridão e convidando boas energias para o novo ciclo que se iniciava.

Um dos costumes mais significativos desse festival era a decoração de árvores com luzes e ornamentos. As árvores perenes, como o pinheiro e o abeto, eram vistas como símbolos da imortalidade e da resistência, pois permaneciam verdes mesmo nos meses mais rigorosos. Elas eram adornadas com frutas secas, fitas, sinos e pequenos talismãs que representavam desejos de prosperidade e saúde para o ano que estava por vir. Cada enfeite carregava um significado especial:

as frutas simbolizavam a abundância, as velas remetiam à luz e à proteção, e os sinos eram usados para afastar espíritos indesejados e trazer boas vibrações para o lar. Esse costume ancestral, mais tarde, seria assimilado por diferentes culturas e daria origem à tradição da árvore de Natal.

Os banquetes também desempenhavam um papel essencial nas celebrações de Yule. As famílias e comunidades se reuniam em torno de mesas fartas, partilhando alimentos e brindando à abundância da terra. Pratos tradicionais eram preparados com ingredientes que remetiam à fertilidade e ao ciclo da vida. Carnes assadas, pães aromáticos, frutas secas e bebidas quentes, como hidromel e vinho temperado com especiarias, eram servidos como forma de agradecimento pelas bênçãos recebidas e como um pedido de fartura para os meses seguintes. A comida não apenas nutria o corpo, mas também fortalecia os laços entre as pessoas, reafirmando a importância da união e da partilha em tempos de frio e introspecção.

Entre os inúmeros símbolos de Yule, um dos mais importantes era o tronco de Yule. Escolhido com cuidado, esse grande pedaço de madeira era queimado no centro das festividades, em um ritual carregado de significado. Ele representava o velho ano que se encerrava e, ao ser consumido pelas chamas, simbolizava a renovação da vida e a chegada de um novo ciclo. Suas cinzas eram cuidadosamente recolhidas e guardadas como amuletos de proteção, utilizadas para fertilizar a terra e garantir boas colheitas no futuro. Algumas famílias mantinham um pedaço do tronco queimado para acender o fogo do próximo Yule, simbolizando a continuidade da vida e a conexão entre o passado, o presente e o futuro.

Mas Yule não era apenas um momento de festividades externas; ele também convidava à introspecção e ao recolhimento. Nos dias frios e escuros do inverno, os celtas se voltavam para dentro de si mesmos, contemplando os mistérios da vida e da morte. Era um período de reflexão, de avaliação do ano que terminava e de preparação para o que estava por vir. Muitos realizavam rituais silenciosos à luz das velas, escrevendo em pergaminhos ou pedaços de madeira aquilo que desejavam deixar para trás. Essas mensagens eram então queimadas no fogo sagrado, como um ato simbólico de liberação e transformação. Era um tempo para purificar a alma, renovar as esperanças e fortalecer a conexão com os ancestrais e com os espíritos da natureza.

Além disso, os povos antigos acreditavam que, durante Yule, o véu entre os mundos se tornava mais tênue, permitindo um contato mais próximo com os seres espirituais. Por isso, muitas práticas mágicas eram realizadas nesse período. Amuletos eram confeccionados e consagrados ao fogo, ervas eram queimadas para purificação, e oferendas eram deixadas na floresta como forma de agradecimento e respeito aos espíritos da terra. Entre as ervas mais utilizadas estavam o visco e o azevinho, plantas associadas à proteção, ao amor e à fertilidade. O visco, em especial, era considerado sagrado, pois crescia nos galhos das árvores sem tocar o solo, sendo visto como um presente dos deuses.

Em suma, Yule era um festival de luz e renascimento, um lembrete de que, por mais profunda que seja a escuridão, a luz sempre retorna. A celebração desse ciclo natural reafirmava a esperança e a resiliência do espírito humano, mostrando que mesmo os momentos mais difíceis são passageiros e que sempre há a promessa de um novo amanhecer. Hoje, ao celebrarmos Yule, podemos resgatar essa sabedoria ancestral e aplicá-la em nossas próprias vidas. Podemos acender velas para simbolizar nossa luz interior, decorar nossas casas com ramos de pinheiro e azevinho para atrair proteção e abundância, e reservar um tempo para reflexão e renovação. Assim, honramos não apenas o ciclo da natureza, mas também o nosso próprio ciclo de crescimento e transformação.

Yule nos ensina que, mesmo nas noites mais longas e frias, a promessa do renascimento permanece viva, aguardando o momento certo para florescer. A luz que retorna ao mundo não é apenas a do Sol, mas também a chama interior que nos guia e nos fortalece. Ao nos alinharmos com esse ciclo sagrado, reconhecemos que cada inverno traz consigo a semente da renovação e que, assim como a natureza desperta para um novo ciclo, também somos convidados a renascer, deixando para trás o que já não nos serve e abraçando o futuro com esperança e sabedoria.

Capítulo 8
Purificação e Renovação

A longa quietude do inverno começa a se dissolver, e um sussurro de vida percorre a terra adormecida. Os primeiros raios de sol alongam seus dedos dourados sobre campos ainda cobertos de gelo, enquanto pequenos brotos ousam romper o solo frio, anunciando a chegada de um novo ciclo. Imbolc é o momento em que a natureza desperta lentamente, esticando-se após o sono profundo do inverno, e a promessa da primavera começa a se manifestar de forma sutil, mas irresistível. A escuridão do inverno cede espaço à luz crescente, e a energia da renovação pulsa na terra e nos corações daqueles que a observam. Os celtas compreendiam essa transição não apenas como um fenômeno natural, mas como um reflexo do próprio renascimento interior, um convite para purificar, renovar e preparar-se para os tempos de crescimento e abundância que se aproximam.

Dedicado à deusa Brigid, Imbolc era celebrado como um festival de luz, purificação e inspiração. Brigid, a divindade do fogo sagrado, da cura e da poesia, simbolizava a chama da criatividade e da renovação, guiando aqueles que buscavam a clareza e a transformação. Seus aspectos de curadora e guardiã do lar tornavam esse período um momento propício para a limpeza espiritual e física, eliminando as impurezas do inverno e abrindo espaço para o novo. As casas eram varridas e purificadas com ervas sagradas, enquanto velas eram acesas para iluminar os caminhos e invocar proteção e bênçãos. A chama de Imbolc não era apenas a do fogo físico, mas também a da inspiração que aquece a alma e acende os desejos de crescimento e realização.

Além dos rituais de purificação, esse festival era um tempo de observação e preparação. Os sinais da natureza eram cuidadosamente interpretados, pois acreditava-se que revelavam pistas sobre o que estava por vir. A prática da adivinhação ganhava força, refletindo a busca pelo entendimento dos ciclos da vida e das escolhas a serem feitas nos meses seguintes. O simbolismo da água também se fazia presente, representando a fluidez, a limpeza e o renascimento, sendo utilizada em ritos de purificação e renovação. Assim, Imbolc não apenas marcava o despertar da terra, mas também incentivava cada indivíduo a despertar para suas próprias possibilidades. Era um chamado para liberar o que já não servia, acolher a luz do conhecimento e da intuição e preparar o espírito para os tempos férteis que estavam por vir.

Celebrado em 1º de fevereiro, Imbolc marca o ponto intermediário entre o solstício de inverno e o equinócio da primavera, um período de transição em que a terra, ainda envolta pelos resquícios do frio, começa a revelar os primeiros sinais de renascimento. Pequenos brotos rompem o solo endurecido pelo inverno, anunciando a promessa da vida que retorna. A luz do sol, cada dia mais presente, espalha seu brilho sobre os campos adormecidos, e o canto dos pássaros, que voltam a seus ninhos, ecoa como um hino de renovação. Esse despertar da natureza reflete também um convite ao renascimento interior, um chamado para limpar o que já não serve e preparar o espírito para os novos ciclos que se aproximam.

Imbolc é dedicado à deusa Brigid, uma das divindades mais amadas do panteão celta. Guardiã do fogo sagrado, da cura, da poesia e da inspiração, Brigid representa a força vital que se renova e o poder criador que impulsiona todas as formas de vida. Seu fogo não apenas aquece os lares e purifica as energias, mas também simboliza a centelha da criatividade, a iluminação da mente e a esperança que arde em nossos corações. Durante esse festival, os celtas honravam Brigid com rituais que buscavam atrair sua proteção e bênçãos, assegurando que sua chama sagrada continuasse a brilhar tanto no mundo físico quanto no espiritual.

As celebrações de Imbolc eram marcadas por rituais e costumes que visavam a purificação e a renovação das energias. Era tradição limpar as casas e decorá-las com flores e ramos verdes, trazendo para o ambiente a promessa da primavera e o frescor da nova estação que se aproximava. As fogueiras sagradas eram acesas em homenagem à Brigid, e velas iluminavam todos os cômodos do lar, representando a luz crescente do sol e a proteção divina da deusa. A chama dessas velas simbolizava o calor necessário para despertar a terra e renovar o espírito, afastando qualquer escuridão remanescente dos meses frios.

Um dos costumes mais emblemáticos de Imbolc era a confecção da Cruz de Brigid, um símbolo solar feito de palha ou junco que representava a deusa e sua proteção. Essas cruzes eram cuidadosamente entrelaçadas e colocadas em locais estratégicos, como portas, janelas, estábulos e campos, com a intenção de atrair sorte, saúde e prosperidade. O ato de tecer a cruz não era apenas um gesto simbólico, mas um momento de conexão com Brigid, uma invocação de sua presença e de suas bênçãos para o lar e a família. Cada fio entrelaçado carregava a intenção de renovação e proteção, tornando a cruz um amuleto sagrado para o ano que se iniciava.

Outro aspecto fundamental das celebrações de Imbolc era a purificação com água, um elemento que simbolizava a limpeza das energias estagnadas do inverno e a preparação para o novo ciclo. Os celtas realizavam banhos rituais em rios e nascentes, acreditando que a água dessas fontes possuía propriedades curativas e purificadoras. Além disso, a água era utilizada para limpar as casas e os objetos sagrados, eliminando as impurezas acumuladas durante os meses de escuridão. Esse ritual não apenas renovava os espaços físicos, mas também promovia um profundo processo de limpeza espiritual, permitindo que cada indivíduo se libertasse do passado e se abrisse para as novas oportunidades que a primavera traria.

Imbolc também era um período propício para a adivinhação e a previsão do futuro. Os celtas acreditavam que, nessa época do ano, o véu entre os mundos se tornava mais tênue, facilitando a comunicação com os espíritos e a obtenção de insights sobre o que estava por vir. Rituais de adivinhação eram amplamente praticados, utilizando métodos como a leitura de ossos, a interpretação de sonhos e a observação dos sinais da natureza. Cada pequeno detalhe era cuidadosamente analisado, pois acreditava-se que a terra e os elementos ofereciam pistas valiosas sobre os desafios e bênçãos do novo ciclo.

Dessa forma, Imbolc era mais do que um festival de transição entre estações; era um momento sagrado de introspecção, renovação e preparação para o futuro. A celebração da deusa Brigid e a realização de rituais de purificação permitiam que cada indivíduo se alinhasse com os ritmos da natureza, liberando o que já não tinha propósito e acolhendo a luz do conhecimento e da intuição. Era um tempo de esperança, de abrir os braços para a abundância que estava por vir e de reafirmar o compromisso com o próprio crescimento e bem-estar.

Ao celebrarmos Imbolc nos dias de hoje, podemos resgatar essa sabedoria ancestral e incorporá-la à nossa vida de maneira significativa. Podemos acender velas para simbolizar a renovação da luz, realizar limpezas energéticas em nossas casas, tomar banhos purificadores e definir novas intenções para os próximos meses. Honrar a deusa Brigid não significa apenas seguir antigos rituais, mas também permitir que sua chama sagrada brilhe dentro de nós, inspirando-nos a crescer, criar e nos transformar junto com os ciclos da natureza.

Imbolc nos lembra que toda renovação começa no íntimo, no espaço sutil onde antigas sombras são dissolvidas para dar lugar à luz. Assim como a terra desperta de seu sono invernal, somos convidados a abrir os olhos para nossas próprias transformações, permitindo que a chama da inspiração e da clareza ilumine nossos caminhos. A purificação não é apenas um ato simbólico, mas um processo de libertação e preparo para os ciclos que virão. E, ao acolhermos essa energia de renovação, reafirmamos nossa conexão com o fluxo da vida, confiando que cada inverno traz consigo a promessa de uma nova primavera.

Capítulo 9
Equinócio da Primavera

O despertar da primavera traz consigo uma explosão de cores, aromas e energia renovada. O frio do inverno se dissipa, dando lugar ao calor ameno do Sol, que agora brilha com mais intensidade sobre campos que florescem e rios que voltam a correr livres. Ostara marca esse momento de equilíbrio e renovação, o instante sagrado em que a luz e a escuridão se encontram em perfeita harmonia, dividindo o dia e a noite em partes iguais. A natureza se abre em festa, e com ela, tudo o que esteve adormecido desperta, convidando homens e mulheres a celebrar a vida em sua plenitude. Para os celtas, esse período simbolizava não apenas a fertilidade da terra, mas também a oportunidade de semear novas intenções, nutrir sonhos e fortalecer a conexão com o ciclo infinito da existência. A primavera chegava como um lembrete de que a vida sempre encontra um caminho para renascer.

Ostara era um festival de alegria, gratidão e esperança, refletindo o triunfo da luz sobre as sombras. A energia desse equinócio impulsionava os celtas a plantar sementes, tanto no solo quanto em seus próprios corações, confiando que o tempo traria crescimento e abundância. Os rituais desse período eram dedicados às forças da fertilidade e do renascimento, evocando a bênção da terra e das divindades para garantir boas colheitas e prosperidade. O simbolismo do ovo, presente nas festividades, representava o potencial infinito da criação, a promessa do que ainda estava por vir. Da mesma forma, o coelho, com sua extraordinária capacidade de multiplicação, era visto como um mensageiro da vitalidade e da renovação da vida, reforçando a ideia de que a primavera era um tempo de expansão e abundância.

A chegada de Ostara também era um convite à celebração do equilíbrio, tanto no mundo natural quanto na jornada interior de cada indivíduo. Assim como a Terra encontrava um momento de igualdade entre luz e escuridão, os celtas compreendiam que esse era um período propício para refletir sobre suas próprias vidas e buscar a harmonia entre seus desejos, desafios e conquistas. A primavera ensinava que cada fim traz um novo começo e que, ao honrar os ciclos da natureza, era possível alinhar-se ao fluxo do universo. Dessa forma, Ostara não era apenas um festival de cores e rituais, mas um chamado para acolher a renovação, despertar a criatividade e confiar no poder transformador da vida, que sempre encontra um jeito de florescer, independentemente do rigor do inverno que veio antes.

Celebrado em 21 de março, Ostara marca um instante sagrado de equilíbrio, em que o dia e a noite compartilham a mesma duração, representando a harmonia entre forças opostas que regem o universo. Nesse momento, o Sol, em sua jornada ascendente, cruza o equador celeste, trazendo consigo o alvorecer de uma nova estação. Com ele, chegam dias mais longos, temperaturas amenas e o despertar vibrante da natureza, que se reveste de cores, perfumes e vida renovada. A terra, antes silenciosa sob o frio do inverno, agora se abre para receber a energia do renascimento, convidando todos a celebrarem esse período de transformação e crescimento.

Ostara é um festival de alegria e esperança, um tributo ao triunfo da vida sobre a morte, da luz sobre a escuridão. É a hora de plantar sementes, tanto no solo fértil quanto na alma, de nutrir sonhos e intenções e de se abrir às infinitas possibilidades que a primavera traz consigo. Assim como as plantas rompem a terra em busca do Sol, somos chamados a florescer, expandindo nossos horizontes e acolhendo a renovação com confiança e gratidão.

As celebrações de Ostara eram repletas de rituais e costumes que honravam a fertilidade da terra e celebravam o renascimento da natureza. Entre os símbolos mais marcantes estava o ovo, representação máxima do potencial criativo e da promessa da vida nova. Esses ovos eram cuidadosamente decorados com cores vibrantes e desenhos simbólicos, que variavam de acordo com as tradições e intenções de cada comunidade. Vermelho, para atrair força e vitalidade; verde, para evocar a fertilidade e a conexão com a terra; dourado, para invocar a prosperidade e a abundância. Ao final das festividades, esses ovos eram oferecidos como amuletos de boa sorte ou enterrados nos campos para abençoar as colheitas que estavam por vir.

Outro símbolo fundamental de Ostara é o coelho, um animal associado à fertilidade e à abundância. Sua impressionante capacidade de reprodução fazia dele um mensageiro da renovação e do ciclo incessante da vida. Era comum que as comunidades observassem o comportamento dos coelhos na natureza como presságio para as estações seguintes, interpretando seus movimentos e hábitos como sinais do que estava por vir. Com o tempo, essa simbologia se entrelaçou com outras tradições, dando origem à figura do coelho da Páscoa, aquele que traz ovos coloridos como presentes, perpetuando um costume ancestral que remonta a tempos imemoriais.

A preparação para Ostara incluía a decoração de casas e altares com flores recém-colhidas e ramos verdes, símbolos do renascimento da natureza e da beleza efêmera da primavera. As pessoas traziam para dentro de seus lares elementos que evocavam a energia vibrante da estação, criando ambientes que refletiam a celebração da vida em sua plenitude. Pequenos arranjos de lavanda, margaridas e lírios eram dispostos em mesas e janelas, enquanto guirlandas feitas de hera e salgueiro adornavam portas, convidando a energia renovadora da estação a entrar.

Os banquetes de Ostara eram fartos e coloridos, repletos de alimentos frescos e sazonais que exaltavam a fartura da terra. Eram servidos pães recém-assados, bolos de mel, queijos, frutas suculentas e verduras recém-colhidas, além de bebidas feitas a partir de ervas aromáticas e flores silvestres. Uma receita tradicional que costumava marcar essa celebração era o pão de

Ostara, preparado com ingredientes que simbolizavam fertilidade e renovação. Para fazê-lo, misturavam-se:
3 xícaras de farinha de trigo
1 colher de chá de sal
2 colheres de sopa de mel
1 colher de sopa de fermento biológico seco
1 xícara de leite morno
1 colheres de sopa de manteiga derretida
1 ovo
Ervas e sementes a gosto (como alecrim, erva-doce ou sementes de papoula)

O preparo consistia em dissolver o fermento no leite morno junto com o mel, deixando a mistura descansar até espumar. Em seguida, os ingredientes secos eram combinados, e a mistura líquida era adicionada aos poucos, formando uma massa macia e elástica. Depois de sovada, a massa repousava até dobrar de tamanho. Modelava-se então pequenos pães, que eram assados até adquirirem uma crosta dourada e um aroma irresistível. Esse pão, além de ser um símbolo da fertilidade, era compartilhado entre os participantes como um gesto de união e prosperidade.

Além das festividades culinárias, Ostara era um momento propício para a realização de rituais de fertilidade e renovação. Um costume tradicional envolvia a semeadura intencional, onde as pessoas plantavam sementes enquanto mentalizavam desejos e propósitos para o novo ciclo. Cada semente lançada ao solo representava um objetivo, e a responsabilidade de cuidar da planta simbolizava o compromisso de nutrir esses sonhos até que florescessem. Algumas tradições também incluíam a prática de banhos rituais em riachos ou fontes naturais, purificando corpo e espírito para receber as bênçãos da primavera.

Oferendas eram feitas às divindades da terra e da fertilidade, como Eostre, a deusa associada ao renascimento da primavera. Essas oferendas podiam incluir grãos, frutas, flores ou mesmo pequenos pães e bolos, que eram deixados em bosques ou junto a árvores antigas, como forma de gratidão e conexão com as forças naturais. O fogo também desempenhava um papel importante nos rituais de Ostara, com velas acesas em tons de amarelo e verde para simbolizar a luz crescente do Sol e a energia renovadora da terra.

Em essência, Ostara é um festival que celebra o equilíbrio, a fertilidade e o renascimento. É uma oportunidade de honrar a força vital que desperta com a primavera, de contemplar a beleza da natureza e de se abrir para novas possibilidades. Assim como a Terra se renova, nós também podemos nos reinventar, deixando para trás o que já não nos serve e acolhendo com entusiasmo os caminhos que se desenham à nossa frente.

Ao celebrarmos Ostara nos dias de hoje, podemos resgatar essa sabedoria ancestral e aplicá-la em nossas próprias vidas. Criar rituais simbólicos, plantar novas intenções e celebrar a abundância que nos rodeia são formas de nos conectarmos com os ciclos naturais e com a energia de renovação que essa estação nos oferece. Seja através de pequenos gestos ou de rituais elaborados, o importante é honrar a primavera não apenas como uma estação do ano, mas como um convite constante à transformação e ao florescimento pessoal.

Ostara nos lembra que a vida é um fluxo constante de renovação e crescimento, um ciclo onde cada fim traz consigo a promessa de um novo começo. Assim como a terra floresce após a dormência do inverno, também somos chamados a despertar, a plantar nossas intenções com confiança e a nutrir nossos sonhos com paciência e dedicação. O equilíbrio entre luz e escuridão nos ensina que todas as fases da jornada têm seu propósito, e que, ao nos alinharmos com os ritmos da natureza, encontramos força para florescer. Que essa estação nos inspire a acolher o renascimento com alegria, permitindo que a primavera não aconteça apenas ao nosso redor, mas também dentro de nós.

Capítulo 10
Fogo e Fertilidade

A terra irradia sua energia vital, renovada pelo calor crescente que desperta cada semente adormecida e faz florescer os campos em um espetáculo vibrante de cores e aromas. O ciclo natural alcança seu ponto culminante, e a fertilidade se espalha em todas as formas de vida, refletindo o equilíbrio perfeito entre o céu e a terra. Beltane, a celebração celta que marca esse momento de exuberância e transição, resplandece com o brilho intenso das fogueiras sagradas e a alegria coletiva que ecoa na dança, nos rituais e na união dos corpos e espíritos. Os povos antigos reconheciam essa data como um instante sagrado, onde a energia primordial da criação se manifestava com força, abrindo caminhos para bênçãos, proteção e renovação. Não era apenas um festival de celebração da primavera, mas um chamado à conexão com as forças elementares que regem a vida, permitindo que cada indivíduo se alinhasse com os ritmos naturais do universo.

O fogo, elemento central de Beltane, simboliza tanto a paixão quanto a purificação, representando a centelha da vida que arde no coração da natureza e dos seres humanos. As chamas crepitantes iluminam a escuridão e fortalecem os laços entre os participantes, criando uma atmosfera de êxtase e comunhão. Durante essa noite especial, danças vibrantes e cânticos ecoam pelas colinas, e a luz das fogueiras se mistura ao brilho das estrelas, conectando o mundo terreno ao sagrado. Nesse cenário encantado, o véu entre os mundos se torna mais tênue, permitindo o contato com seres místicos e com a própria essência divina que habita cada ser. É um tempo de magia e possibilidades, em que a energia da terra pulsa intensamente, pronta para ser direcionada à criação e à abundância. O ciclo natural ensina que este é o momento de plantar não apenas no solo fértil, mas também na alma, cultivando desejos, intenções e sonhos que florescerão no decorrer do ano.

Beltane também exalta a dualidade e a harmonia dos opostos, celebrando a união entre o princípio masculino e feminino, que transcende o corpo físico e se manifesta como força criadora do universo. Essa fusão sagrada é representada nos antigos mitos celtas pela união do Deus e da Deusa, cuja dança cósmica fertiliza a terra e assegura a continuidade da vida. Os rituais desse período honram essa energia vital, desde os saltos sobre as fogueiras, que simbolizam a purificação e a coragem para atravessar novos ciclos, até a ereção do mastro de maio, que representa o eixo do mundo e a união dos elementos. Cada gesto, cada canto e cada oferenda realizados durante Beltane possuem um significado profundo, enraizado na sabedoria ancestral que compreendia a interdependência entre o homem e a natureza. Essa compreensão se reflete ainda nos vínculos comunitários que se fortalecem na celebração, pois a energia da fertilidade não se limita ao campo físico, mas se expande para todas as áreas da existência. É um convite à renovação, ao despertar dos sentidos e ao reconhecimento do poder criador que habita em cada ser.

Celebrado em 1º de maio, Beltane marca o auge da primavera, quando a natureza revela sua plenitude, transbordando em um espetáculo de cores vibrantes e fragrâncias inebriantes. Cada flor que desabrocha, cada fruto que se forma e cada ser que desperta para a vida carrega a promessa de abundância e renovação. Nesse momento sagrado, o fogo da paixão se acende não apenas na terra, mas também nos corações, refletindo a união primordial entre o Deus e a Deusa, os princípios divinos que regem a criação e sustentam o equilíbrio do mundo. Mais do que um simples festival, Beltane é um portal para a energia vital que permeia todas as formas de existência, um convite para celebrar, dançar e se entregar à força criadora que pulsa em cada ser.

Para os celtas, Beltane representava não apenas a transição das estações, mas também o início da temporada de verão, um período de expansão, fertilidade e conexão com os ritmos da terra. A chegada dessa nova fase era saudada com rituais vibrantes que reforçavam os laços comunitários e espirituais. O gado, essencial para a subsistência, era levado aos pastos sob a proteção dos deuses, e para garantir sua saúde e prosperidade, realizava-se um dos mais antigos e simbólicos rituais da celebração: a passagem dos animais entre duas grandes fogueiras. Acreditava-se que a fumaça e as chamas possuíam poder purificador e protetor, afastando doenças e infortúnios ao longo do ciclo que se iniciava.

Esse mesmo princípio de purificação se aplicava às pessoas, que saltavam sobre as fogueiras sagradas em busca de renovação, coragem e bênçãos para a jornada futura. Cada chama crepitante levava consigo medos e incertezas, transformando-os em força e vitalidade.

As fogueiras de Beltane, erguidas nas colinas e nos centros das aldeias, não eram apenas fontes de luz e calor, mas manifestações do próprio fogo divino que permeia a criação. Ao redor delas, a comunidade se reunia para celebrar a fertilidade da terra, dançando e entoando cânticos que evocavam a harmonia entre os elementos e a abundância vindoura. Entre passos ritmados e risadas, as fronteiras entre o mundo físico e o espiritual se tornavam mais tênues, permitindo que a magia fluísse livremente. Era um momento em que os deuses caminhavam entre os mortais, em que as energias da terra e do cosmos se entrelaçavam em perfeita comunhão.

Outro símbolo marcante de Beltane era a ereção do mastro de maio, um grande tronco de árvore adornado com fitas coloridas, flores e guirlandas. O mastro representava o eixo do mundo, a ligação sagrada entre o céu e a terra, e sua simbologia ia além da simples ornamentação. Ele encarnava a fusão dos princípios masculino e feminino, forças complementares que, em harmonia, garantiam a continuidade da vida. As danças em torno do mastro, com fitas entrelaçadas em movimentos circulares, representavam o entrelaçar das energias criadoras, a celebração da fertilidade em sua mais pura essência. Jovens e adultos participavam desse ritual, tecendo com seus passos e gestos a manifestação do equilíbrio universal.

Beltane era também um período propício para rituais de amor e fertilidade. Casais que desejavam fortalecer sua união ou atrair a paixão compartilhavam momentos sob a luz das fogueiras, dançando juntos e, muitas vezes, saltando sobre as chamas de mãos dadas. Esse ato simbolizava não apenas o compromisso mútuo, mas também a disposição para enfrentar desafios e crescer lado a lado. Além disso, oferendas eram deixadas nos bosques e nos altares naturais em honra às divindades da fertilidade, como a deusa Brigid e o deus Cernunnos, guardiões da abundância e da vida. Pequenos feixes de ervas, mel, leite e flores eram depositados com gratidão, selando pedidos de proteção e prosperidade para os lares, os campos e os corações.

Durante essa noite mágica, a natureza parecia vibrar em sintonia com os desejos e intenções daqueles que se entregavam ao fluxo da celebração. Dizia-se que os portais entre os mundos se abriam, permitindo a comunicação com os espíritos da terra e os seres encantados. Os sussurros do vento traziam mensagens ocultas, e aqueles que sabiam ouvir podiam captar vislumbres do futuro ou receber orientações valiosas. O orvalho da manhã seguinte, recolhido com cuidado, era considerado um elixir de beleza e juventude, um presente da própria terra para aqueles que a honravam com respeito e devoção.

Beltane, em sua essência, é uma celebração do vigor da vida, da paixão que impulsiona a criação e da magia que permeia cada ser. Ao nos conectarmos com essa tradição ancestral, abrimos espaço para a energia da abundância e da renovação em nossas próprias jornadas. Seja através da dança, do fogo ou de simples gestos de gratidão, podemos resgatar a sabedoria dos antigos e aplicá-la ao nosso cotidiano. Beltane nos ensina que a fertilidade vai além da terra; ela se manifesta nas ideias que cultivamos, nos relacionamentos que nutrimos e nos sonhos que ousamos plantar. É um momento de entrega, de alegria e de celebração da vida em sua plenitude.

Beltane nos convida a nos entregar ao fluxo da vida, a nos aquecer na chama da paixão e a confiar na fertilidade dos nossos sonhos. Assim como a terra floresce em abundância, somos chamados a expandir nossos próprios limites, a cultivar intenções e a dançar com a energia vibrante da criação. Que a luz das fogueiras ancestrais continue a brilhar dentro de nós, iluminando nossos caminhos e nos lembrando de que a vida, em sua essência, é um eterno convite à celebração e à renovação.

Capítulo 11
Solstício de Verão

O sol brilha com intensidade máxima, derramando sua luz vibrante sobre campos verdejantes, bosques frondosos e águas cristalinas. A terra responde a essa abundância solar com exuberância, oferecendo frutos maduros, ervas carregadas de poder e flores em plena floração. O Solstício de Verão, conhecido como Litha, marca esse ápice da luz, um momento de esplendor e vitalidade em que a energia solar atinge seu ponto máximo, impregnando a natureza e os seres humanos com força, calor e expansão. O dia mais longo do ano celebra a conexão entre a humanidade e o astro-rei, fonte primária de vida, energia e crescimento. Desde tempos imemoriais, povos antigos compreendiam esse ciclo como um instante sagrado de gratidão e celebração, um período em que o mundo visível e o espiritual se entrelaçam, permitindo a manifestação de intenções, bênçãos e transformação.

Litha é um momento de poder, marcado pela exuberância da vida e pela força radiante do fogo solar. Em diversas tradições, rituais eram conduzidos para honrar o Sol, canalizar sua energia e garantir fertilidade, prosperidade e proteção. No coração das celebrações, as fogueiras sagradas ardiam sobre colinas e campos, refletindo a própria chama celestial que aquece e sustenta a existência. Essas fogueiras não apenas iluminavam a noite, mas simbolizavam a conexão com o divino, purificando energias, renovando propósitos e fortalecendo a ligação entre a terra e o céu. Durante esse período, acreditava-se que as ervas e plantas colhidas possuíam um poder ampliado, sendo utilizadas para curas, feitiços e amuletos. Os raios solares, tão intensos nesse dia, eram vistos como condutores de vitalidade e proteção, capazes de impregnar corpos, casas e colheitas com sua força benéfica. Era também um tempo de plenitude e celebração da fertilidade, pois a terra, no auge de sua produtividade, espelhava a generosidade da luz solar.

A energia expansiva de Litha convida à manifestação de sonhos e desejos, aproveitando o auge da força solar para impulsionar projetos, transformar intenções em realidade e celebrar a vida em sua totalidade. Os antigos sabiam que, assim como o Sol atinge seu zênite e depois inicia sua jornada de declínio, esse momento de esplendor é também um lembrete da impermanência dos ciclos naturais. O equilíbrio entre luz e sombra, expansão e recolhimento, está presente em cada aspecto da existência. Por isso, Litha não apenas exalta o brilho do Sol, mas também ensina a sabedoria de reconhecer os ritmos da natureza e aprender a fluir com eles. É um convite à conexão com essa energia vibrante, absorvendo sua força para nutrir corpo, mente e espírito, fortalecendo os vínculos com a terra, com a comunidade e com o próprio propósito de vida.

Celebrado em 21 de junho, Litha marca o ponto culminante da jornada solar, quando o Sol atinge seu zênite e a luz se estende por mais tempo, envolvendo a terra em calor e vitalidade. Nesse momento do ano, a natureza revela todo o seu esplendor, exibindo flores de cores vibrantes, frutos suculentos e campos verdejantes que refletem a plenitude da estação. O Solstício de Verão é um convite à celebração da vida e da fartura, um instante em que o brilho do astro-rei se manifesta em sua máxima potência, nutrindo tudo ao seu redor com energia e crescimento.

Para os celtas, Litha era um festival de extrema importância, repleto de rituais e costumes voltados para honrar o Sol e a generosidade da terra. As colinas eram iluminadas por fogueiras sagradas, erguidas em homenagem ao fogo celestial, cujo calor era considerado essencial para a fertilidade e a prosperidade da terra e de seu povo. A chama ardente das fogueiras não apenas representava a força do Sol, mas também funcionava como um canal de purificação e renovação espiritual. As pessoas dançavam ao redor do fogo, absorvendo sua vitalidade e fortalecendo sua conexão com as forças da natureza, em um ato simbólico de celebração da vida e do poder transformador da luz.

Entre os muitos costumes praticados nesse festival, a colheita de ervas mágicas ocupava um papel central. Acreditava-se que as plantas colhidas durante Litha eram impregnadas com um poder especial, potencializado pela intensidade da luz solar. Ervas como a artemísia, o hipérico, a lavanda e o alecrim eram cuidadosamente recolhidas antes do nascer do Sol e utilizadas para a confecção de amuletos, poções e incensos. Essas preparações eram empregadas em rituais de cura, proteção e prosperidade, sendo guardadas para uso ao longo do ano. Além disso, pendurar ramos dessas ervas nas portas e janelas das casas era um costume comum, pois se acreditava que afastavam energias negativas e traziam bênçãos ao lar.

Litha também era um momento propício para a realização de rituais de magia solar, nos quais os antigos buscavam canalizar a energia do Sol para manifestar seus sonhos e alcançar seus objetivos. Os rituais de prosperidade eram bastante populares, aproveitando o poder expansivo do Sol para atrair abundância e crescimento. Para isso, pequenos feitiços eram realizados, como acender velas douradas ou amarelas, simbolizando a luz solar, e recitar intenções de fartura e sucesso. Objetos de ouro e pedras solares, como citrino e olho de tigre, eram utilizados nesses rituais para amplificar a energia da manifestação.

Os rituais de cura também tinham grande importância, pois a luz solar era vista como uma fonte de vitalidade e restauração. Eram preparados banhos de ervas sob a luz do meio-dia, nos quais folhas e flores de plantas medicinais eram mergulhadas em água morna, criando um elixir solar capaz de revigorar o corpo e o espírito. Além disso, era comum beber infusões feitas com ervas colhidas durante o solstício, acreditando-se que essas poções fortaleciam a saúde e equilibravam as emoções.

A energia protetora do Sol também era invocada durante Litha, principalmente por meio da criação de amuletos solares. Pequenos discos de madeira ou argila eram gravados com símbolos solares e consagrados ao fogo, sendo depois carregados como talismãs para garantir proteção e coragem. Outro costume tradicional era a queima de pedidos e intenções nas fogueiras sagradas. As pessoas escreviam seus desejos em pedaços de papel ou folhas secas e os lançavam às chamas, confiando que o fogo levaria suas intenções até os deuses e espíritos benevolentes.

Além dos rituais e feitiços, as celebrações de Litha incluíam banquetes ao ar livre, nos quais a abundância da estação era festejada com mesas fartas de frutas frescas, legumes e grãos recém-colhidos. Alimentos amarelos e dourados, como milho, mel e pêssegos, eram especialmente apreciados, pois simbolizavam a energia solar. Bolos de mel e pães decorados com sementes também eram preparados, sendo compartilhados entre amigos e familiares em meio a músicas, danças e histórias contadas à luz do fogo.

As celebrações se estendiam até a madrugada, pois acreditava-se que a noite do solstício era mágica, um período em que o véu entre os mundos estava mais tênue, permitindo o contato com espíritos da natureza e seres encantados. Era um tempo propício para deixar oferendas aos elementais, como fadas e duendes, em gratidão pela fertilidade da terra. Pequenos pedaços de pão, mel e leite eram deixados em jardins e bosques como presentes para esses seres, garantindo sua proteção e boas colheitas no futuro.

Litha, portanto, é mais do que um festival de luz; é um momento de profunda conexão com a energia solar, a abundância da terra e o fluxo dos ciclos naturais. Celebrá-lo é honrar a vida em sua plenitude, reconhecer a generosidade da natureza e aproveitar esse período de máxima vitalidade para impulsionar sonhos e propósitos. Ao nos alinharmos com essa poderosa energia, podemos absorver sua força para iluminar nossos caminhos, renovar nossas intenções e nos fortalecer para os desafios que virão.

À medida que o Solstício de Verão desenha seu fulgor no ápice do céu e lentamente começa sua jornada de retorno, somos lembrados de que todo brilho carrega em si a semente da transformação. Litha não é apenas um tributo à luz, mas um convite à consciência dos ciclos que regem a existência, à celebração da plenitude sem perder de vista a transitoriedade da vida. Que a energia desse momento inspire coragem para expandir, sabedoria para reconhecer o tempo de recolhimento e gratidão para honrar a dádiva da luz que nos aquece, nutre e guia.

Capítulo 12
Primeira Colheita

A terra responde ao ciclo da vida com generosidade, oferecendo seus primeiros frutos em uma explosão de fartura e gratidão. O dourado dos campos de trigo brilha sob a luz do sol, e o aroma do pão recém-assado preenche o ar, anunciando a chegada de Lughnasadh, o festival celta que marca o início da colheita. Este é um momento de reconhecimento pelo esforço dedicado ao cultivo, uma celebração do equilíbrio entre o trabalho humano e a dádiva natural. Cada espiga de grão, cada fruto maduro e cada feixe colhido simbolizam não apenas a abundância física, mas também a realização dos esforços individuais e coletivos, fortalecendo os laços entre a comunidade e a terra. O ciclo do plantio e da colheita reflete o próprio fluxo da vida, ensinando que tudo exige paciência, dedicação e respeito pelos ritmos naturais. Lughnasadh convida à gratidão, ao reconhecimento das bênçãos recebidas e à partilha da prosperidade como forma de honrar a interdependência entre os seres humanos e a natureza.

O festival recebe seu nome em homenagem a Lugh, o deus da luz, da habilidade e da inteligência estratégica, cujas qualidades eram fundamentais para o sucesso da colheita e a superação dos desafios. Em sua essência, Lughnasadh não celebra apenas a abundância material, mas também o aprimoramento das capacidades humanas, a coragem de enfrentar as dificuldades e a importância da união comunitária. Os antigos celtas realizavam competições de força e destreza em honra a Lugh, simbolizando o mérito do esforço e a recompensa pelo trabalho árduo. Essas provas, que incluíam corridas, lutas e desafios físicos, eram uma forma de reafirmar o espírito resiliente da comunidade e preparar-se para os tempos vindouros. Mais do que um festival de fartura, Lughnasadh era um momento de aprendizado e reconhecimento das próprias conquistas, um lembrete de que a colheita não se restringe apenas aos campos, mas também ao crescimento pessoal, às relações e aos sonhos cultivados ao longo do tempo.

À medida que os grãos são colhidos e armazenados, surge também a consciência de que um ciclo se aproxima do fim, abrindo espaço para reflexões sobre o futuro. O calor do verão começa a dar sinais de sua despedida, e a promessa do outono se insinua no horizonte. Lughnasadh é, portanto, um ponto de transição, um convite à introspecção sobre os frutos colhidos não apenas na terra, mas na jornada de cada indivíduo. A celebração da colheita se entrelaça com o reconhecimento da impermanência dos ciclos, ensinando que a prosperidade deve ser apreciada com gratidão, mas também com sabedoria. O compartilhamento dos alimentos e dos frutos simboliza a consciência de que a abundância se fortalece quando dividida, criando laços mais profundos entre os membros da comunidade. Assim, honrar Lughnasadh é não apenas festejar o que foi conquistado, mas preparar-se para os desafios e oportunidades que o próximo ciclo trará, mantendo o espírito de trabalho, união e gratidão sempre aceso.

Celebrado em 1º de agosto, Lughnasadh representa um marco significativo no calendário celta, um momento em que a colheita começa a ser recolhida e o árduo trabalho do plantio e cultivo finalmente se traduz em frutos tangíveis. O festival é uma ocasião de gratidão, um reconhecimento tanto pelo esforço dedicado à terra quanto pela generosidade da natureza, que retribui com abundância aqueles que nela depositam sua dedicação e respeito. Mais do que um simples evento agrícola, Lughnasadh simboliza a interdependência entre o trabalho humano e as forças naturais, um elo sagrado que sustenta a vida e alimenta o espírito da comunidade.

O festival é dedicado ao deus Lugh, mestre de todas as habilidades, senhor da luz, da arte e da guerra. Sua figura personifica a força, a inteligência estratégica e a destreza, qualidades essenciais tanto para o êxito da colheita quanto para a superação dos desafios cotidianos. Lugh não era apenas um deus agrícola, mas um símbolo do aprimoramento pessoal e da superação. Assim como a colheita requer preparo, conhecimento e paciência, a vida exige esforço e aprendizado contínuo. Por isso, durante Lughnasadh, as celebrações iam além do simples agradecimento pelos grãos e frutos colhidos, promovendo também a valorização das capacidades humanas e o reconhecimento dos talentos individuais e coletivos.

As festividades eram marcadas por rituais e costumes que reforçavam a conexão entre o povo e os deuses, expressando gratidão pela colheita e assegurando a continuidade da fartura. Os antigos celtas acreditavam que oferecer os primeiros grãos e frutos aos deuses era uma forma de garantir que a generosidade da terra se renovasse no ciclo seguinte. Assim, oferendas eram cuidadosamente preparadas e depositadas em altares ao ar livre, em bosques sagrados ou próximos aos campos colhidos. Essas oferendas muitas vezes consistiam em espigas de trigo, cevada, frutas maduras e bolos confeccionados especialmente para a ocasião. Em alguns relatos, há menções ao costume de enterrar parte da primeira colheita na terra como um gesto simbólico de devolução, uma forma de reafirmar o respeito ao solo que sustentava a vida.

Além das oferendas, as celebrações incluíam banquetes comunitários, nos quais o pão recém-assado e as primeiras cervejas feitas com os grãos da estação ocupavam lugar de destaque. O pão, em particular, possuía um forte simbolismo dentro do festival, representando o alimento essencial e a conexão direta entre a terra e os que dela se alimentam. Algumas comunidades modelavam pães em formatos simbólicos, como espirais e figuras antropomórficas, acreditando que essa prática carregava um significado ritualístico e fortalecia a prosperidade do grupo. Já a cerveja, bebida ancestralmente ligada à fertilidade e à celebração, era consumida em meio a brindes e cânticos, fortalecendo os laços comunitários.

Os jogos e competições também eram parte essencial do festival. Inspirados em Lugh, os participantes se desafiavam em provas de força, resistência e habilidade. Corridas, lutas, competições de arremesso de pedras e disputas de destreza com armas eram comuns, refletindo a importância do vigor físico e da preparação para tempos de escassez. Não se tratava apenas de demonstrações de poder, mas de uma maneira de honrar o esforço humano e reconhecer a necessidade de resiliência diante dos desafios que viriam com as estações mais frias. Em algumas regiões, jogos de tabuleiro e desafios mentais também eram realizados, reforçando que a inteligência era tão valiosa quanto a força.

Lughnasadh não era apenas um festival de celebração material, mas também um momento de fortalecimento dos laços comunitários. Era uma época de alegria, em que as pessoas se reuniam para dançar, cantar e contar histórias ao redor do fogo. As narrativas compartilhadas frequentemente falavam sobre heróis e antepassados, transmitindo sabedoria e ensinamentos através das gerações. A dança e a música, por sua vez, evocavam o espírito da terra e a energia da colheita, criando um ambiente vibrante de comunhão.

Além da celebração, o festival carregava um aspecto reflexivo. Com o verão atingindo seu ápice e o outono se insinuando no horizonte, havia uma consciência de que a abundância era passageira e que o ciclo da vida estava em constante movimento. Era um momento propício para avaliar os frutos colhidos não apenas na terra, mas também na vida pessoal. O que havia sido conquistado até então? Que desafios haviam sido superados? O que ainda precisava ser aprimorado? Essas reflexões ajudavam os indivíduos a se prepararem para o que estava por vir, incentivando uma postura de gratidão e planejamento para o futuro.

Assim, celebrar Lughnasadh era muito mais do que festejar a colheita; era uma oportunidade de honrar o esforço humano, reconhecer a generosidade da terra e fortalecer os vínculos com a comunidade e com o sagrado. A festa ensinava que a prosperidade deve ser compartilhada, que o trabalho e a dedicação são recompensados, e que a gratidão é a chave para a continuidade da fartura. Hoje, podemos nos conectar com essa antiga tradição ao reconhecer o valor do que cultivamos – seja na terra, nos nossos relacionamentos ou em nossos projetos pessoais. Ao honrar Lughnasadh, aprendemos a celebrar nossas conquistas, a expressar gratidão e a nos preparar com sabedoria para os desafios e oportunidades do próximo ciclo.

À medida que os primeiros frutos são colhidos e os campos começam a se despedir do verão, Lughnasadh nos ensina que cada fase da vida traz suas recompensas e desafios. A colheita não é apenas o fim de um ciclo, mas o prenúncio de um novo começo, onde as sementes do presente se tornam os frutos do futuro. Honrar esse momento é compreender que o esforço e a gratidão caminham juntos, sustentando não apenas o corpo, mas também o espírito. Que possamos celebrar nossas conquistas, compartilhar nossa abundância e seguir em frente com a certeza de que cada estação traz consigo sua própria sabedoria.

Capítulo 13
Equinócio de Outono

O crepúsculo do outono se desenha no horizonte, tingindo os campos e florestas com cores intensas de vermelho, dourado e âmbar. A brisa carrega o perfume das folhas secas e dos frutos maduros, enquanto o sol se inclina suavemente em sua jornada, anunciando a chegada de Mabon, o equinócio de outono. Esse é o momento sagrado em que a luz e a escuridão se equilibram, refletindo a harmonia entre o dia e a noite, entre a expansão e o recolhimento. A terra, generosa em sua dádiva, oferece os últimos frutos da colheita, e a humanidade retribui com gratidão e reflexão. Esse ciclo ancestral, repetido ao longo dos séculos, ensina que cada fase da vida tem seu propósito: se o verão foi de crescimento e abundância, agora chega o tempo da colheita final e da preparação para o recolhimento do inverno. Mabon convida a um olhar atento para o que foi cultivado ao longo do ano, não apenas nos campos, mas também nos corações e nas jornadas individuais.

A chegada do equinócio desperta um sentimento de transição, um chamado à introspecção e ao agradecimento. Os antigos sabiam que o equilíbrio entre luz e sombra não era apenas um fenômeno astronômico, mas um reflexo da vida em sua essência. A natureza entra em um ritmo mais lento, os dias se encurtam, e o ciclo de crescimento dá lugar à necessidade de preservar e armazenar. Assim como os frutos da terra são colhidos e guardados, este também é um tempo para recolher aprendizados, reconhecer os esforços feitos e refletir sobre os caminhos trilhados. A dualidade do equinócio lembra que a vida é feita de opostos complementares e que, para cada fase de expansão, há um momento de pausa e renovação. Celebrar Mabon significa honrar esse ciclo, acolhendo as mudanças com sabedoria e preparando-se para o novo período que se anuncia.

Os rituais desse período refletem a necessidade de conexão com a terra e com os ciclos naturais. Alimentos como maçãs, uvas, cereais e nozes são símbolos da fartura que Mabon proporciona e representam a gratidão pela generosidade da natureza. Altares são montados com elementos colhidos da terra, reforçando a importância de reconhecer e agradecer pelo que foi recebido. É um tempo de partilha, de fortalecimento dos laços comunitários e de reconhecimento da importância da harmonia em todos os aspectos da vida. O equinócio convida a uma transição suave entre o dinamismo do verão e a quietude do inverno, lembrando que cada estação traz consigo não apenas desafios, mas também oportunidades para crescimento e renovação. Dessa forma, Mabon não apenas celebra a colheita final, mas ensina a sabedoria de saber o momento certo de soltar, de encerrar ciclos e de se preparar para o que está por vir.

Celebrado em 21 de setembro, Mabon marca o segundo ponto de equilíbrio na Roda do Ano celta, quando o dia e a noite se encontram em perfeita harmonia. O Sol, em sua jornada descendente, cruza o equador celeste, anunciando a chegada de noites mais longas e dias mais curtos. Esse momento de transição é profundamente simbólico, representando o limiar entre a luz e a escuridão, a abundância e a introspecção, o movimento e a pausa. Para os celtas, esse festival possuía um significado especial, pois era uma ocasião para agradecer à terra pelos frutos concedidos, reconhecer os esforços do ano que passou e preparar-se para os meses de recolhimento que se aproximavam.

A celebração de Mabon estava diretamente ligada ao ciclo agrícola. Era a época da colheita final, quando os últimos frutos eram retirados dos campos e os grãos eram armazenados para garantir a sobrevivência durante o inverno. Esse período de transição era visto não apenas como um ato de preservação material, mas também como um momento de profunda reflexão. Assim como os agricultores coletavam os produtos da terra, as pessoas também eram convidadas a colher os aprendizados do ano, avaliar suas conquistas e se despedir do que não era mais necessário. A generosidade da natureza era honrada em rituais comunitários, reforçando a conexão entre a humanidade e o mundo natural.

Um dos costumes mais marcantes desse festival era a criação de altares decorados com os símbolos da estação. Frutas como maçãs e uvas, legumes, grãos e flores eram dispostos com esmero, representando a abundância proporcionada pela terra. Além disso, folhas secas, espigas de trigo, abóboras e outros elementos típicos do outono enfeitavam as casas, reforçando a estética da estação e a gratidão pelo ciclo de fertilidade que se encerrava. As cores do outono – vermelho, dourado, laranja e marrom – predominavam, refletindo o tom caloroso e acolhedor desse período.

Os rituais de agradecimento também ocupavam um papel central nas celebrações de Mabon. Oferendas de alimentos e bebidas eram dedicadas às divindades da colheita e da terra, como uma forma de expressar gratidão e garantir a continuidade da prosperidade no ciclo seguinte. Eram comuns os banquetes ao ar livre, onde famílias e comunidades se reuniam para compartilhar a fartura do momento, fortalecendo os laços entre si e reafirmando a importância do espírito de partilha. O ato de dividir o alimento simbolizava não apenas a generosidade da estação, mas também o reconhecimento de que a vida se sustenta pela troca e pelo apoio mútuo.

Além dos ritos externos, Mabon era um convite à introspecção e ao alinhamento com os ciclos internos da vida. O equilíbrio entre luz e sombra no mundo natural refletia a necessidade de encontrar essa mesma harmonia dentro de si. Era um tempo propício para meditações, para o encerramento de ciclos e para a liberação daquilo que já não servia mais. Muitas tradições incluíam rituais de escrita, onde as pessoas anotavam tudo o que desejavam deixar para trás e queimavam o papel como um ato simbólico de transformação e renovação. Também se praticava a gratidão consciente, listando todas as bênçãos recebidas ao longo do ano, reforçando a conexão com a positividade e a abundância.

A conexão com os antepassados e com a sabedoria ancestral era outra vertente importante dessa celebração. Os celtas acreditavam que esse era um período em que o véu entre os mundos se tornava mais tênue, permitindo um contato mais profundo com aqueles que vieram antes. Assim, prestar homenagens aos ancestrais e buscar inspiração em seus ensinamentos fazia parte dos rituais de Mabon. Velas eram acesas em suas memórias, histórias eram contadas em reuniões familiares e ervas eram queimadas para purificação e proteção.

A natureza oferecia inúmeros elementos simbólicos que eram incorporados às celebrações. As maçãs, por exemplo, representavam o conhecimento e a imortalidade, sendo usadas em feitiços e oferendas. O vinho, feito a partir das uvas colhidas, simbolizava a transformação e a passagem do tempo. As nozes e sementes reforçavam a ideia de que tudo que é colhido agora servirá para o futuro, tanto no sentido literal quanto no espiritual. Pequenos rituais com esses elementos eram realizados, como enterrar uma maçã como oferenda à terra ou guardar uma semente especial para plantar na primavera seguinte, simbolizando a continuidade da vida.

Mabon também era um momento de equilíbrio entre os aspectos masculino e feminino da natureza. Enquanto o verão, associado à força solar e à energia ativa, chegava ao fim, o inverno, ligado à introspecção e ao recolhimento, começava a se aproximar. Esse equilíbrio refletia-se na dualidade presente dentro de cada indivíduo, lembrando que há tempo para agir e tempo para descansar, tempo para expandir e tempo para se interiorizar. Reconhecer e aceitar esses ritmos naturais permitia um alinhamento mais profundo com a sabedoria da terra.

Em suma, Mabon não era apenas um festival de colheita, mas um ritual de equilíbrio, gratidão e renovação. Celebrar esse momento significava honrar o ciclo da vida, reconhecer a importância de soltar o que já cumpriu seu propósito e preparar-se para o que está por vir. A energia desse equinócio nos convida a olhar para dentro, a valorizar nossas conquistas e a estabelecer intenções para o novo ciclo que se inicia. Ao nos conectarmos com essa tradição ancestral, podemos não apenas agradecer pela abundância recebida, mas também aprender a fluir com os ritmos naturais da existência, acolhendo cada estação com sabedoria e gratidão.

À medida que as folhas dançam ao vento e os dias lentamente cedem espaço à noite, Mabon nos lembra da beleza do equilíbrio e da necessidade de acolher as mudanças com serenidade. A colheita finaliza um ciclo, mas também planta as sementes do que ainda virá, ensinando que cada despedida carrega em si a promessa de um novo começo. Que possamos carregar em nossos corações a gratidão pelo que foi conquistado, a sabedoria para deixar ir o que já cumpriu seu propósito e a clareza para caminhar com confiança rumo ao próximo ciclo da jornada.

Capítulo 14
Lugares Sagrados

A paisagem celta era muito mais do que um cenário natural; era um reflexo do sagrado, um território vivo onde a terra, a água, o céu e as pedras se entrelaçavam em uma dança eterna de energia e significado espiritual. Cada local carregava uma presença única, impregnada de mitos, histórias e forças invisíveis que guiavam os povos antigos em sua conexão com o divino. Lugares específicos, marcados por sua beleza imponente ou por fenômenos naturais extraordinários, eram reverenciados como portais para o Outro Mundo, espaços onde o véu entre as dimensões se tornava mais tênue e a comunicação com deuses, espíritos e ancestrais era mais acessível. Para os celtas, cada elemento da natureza possuía um espírito próprio, e reconhecer essa sacralidade era fundamental para viver em harmonia com o fluxo cósmico. Esses locais não eram apenas pontos de culto, mas centros de sabedoria, cura e proteção, ressoando com a energia do universo e oferecendo orientação àqueles que buscavam respostas para suas jornadas espirituais.

Nas florestas ancestrais, os celtas viam templos naturais onde as árvores, especialmente o carvalho, o freixo e o teixo, eram guardiãs de segredos antigos.

Considerados seres vivos dotados de alma e consciência, esses gigantes verdes formavam corredores místicos que levavam ao desconhecido. Clareiras ocultas sob a copa das árvores serviam como altares naturais, onde druidas realizavam rituais, cerimônias de cura e festivais sazonais. Da mesma forma, as águas sagradas, como rios, nascentes e poços, eram tidas como canais diretos para a purificação e a renovação espiritual. Acreditava-se que suas correntes carregavam mensagens dos deuses e que mergulhar em suas águas ou oferecer-lhes tributos poderia trazer cura e bênçãos. Cada nascente ou rio possuía uma energia singular, e muitos eram dedicados a divindades femininas, representações da fertilidade e da nutrição que a terra concedia aos seus filhos.

As montanhas, com suas alturas imponentes e suas silhuetas desafiando o céu, eram vistas como locais de grande poder, onde o contato com o divino se tornava mais intenso. Muitos picos eram considerados moradas de deuses ou espíritos protetores, sendo destinos de peregrinação para aqueles que buscavam iluminação e força. Da mesma forma, as pedras sagradas, seja na forma de menires solitários, círculos de pedra ou formações naturais imponentes, carregavam o peso do tempo e da história, servindo como âncoras de energia cósmica. Esses monumentos silenciosos eram utilizados para alinhamento espiritual, cura e comunicação com o Outro Mundo. Cada um desses lugares continha um mistério próprio, uma vibração distinta que ressoava com a jornada daqueles que os visitavam. Honrar esses espaços era, para os celtas, reconhecer a sacralidade da existência e reafirmar o vínculo eterno entre humanidade, natureza e divindade.

As florestas celtas, vastas e densas, eram mais do que simples aglomerações de árvores; elas eram portais vivos para o Outro Mundo, o domínio dos deuses e dos ancestrais. Cada tronco imponente e cada folha sussurrante contava uma história, e os celtas acreditavam que certas árvores possuíam uma essência sagrada, uma alma ancestral que abrigava segredos profundos e uma sabedoria que se perdia no tempo. O carvalho, o teixo e o freixo eram particularmente venerados, pois acreditava-se que suas raízes mergulhavam nas profundezas da terra, conectando o mundo dos vivos ao dos espíritos. Seus galhos se erguiam em direção ao céu, formando uma ponte invisível entre o terreno e o divino.

Os bosques dessas árvores eram considerados habitados por espíritos da natureza, seres etéreos que protegiam os segredos do Outro Mundo e guiavam aqueles que estivessem prontos para compreender os mistérios da existência. Era comum que os druidas, guardiões da tradição e do conhecimento celta, realizassem seus rituais em clareiras ocultas, onde a luz do sol filtrava-se entre as folhas em feixes dourados, criando um ambiente mágico e carregado de energia espiritual. Nessas cerimônias, entoavam cânticos sagrados, faziam oferendas às divindades e invocavam as forças da floresta para proteção, cura e sabedoria. Essas clareiras eram verdadeiros templos naturais, locais onde a conexão entre homem e natureza se tornava mais palpável e onde os mistérios do universo podiam ser desvendados por aqueles que soubessem ouvir.

Assim como as florestas, as águas dos rios e nascentes eram vistas como manifestações diretas da sacralidade, fontes de vida e purificação. Cada gota que brotava da terra ou corria em correntezas era considerada portadora de poderes curativos e mágicos. Os celtas acreditavam que as águas eram habitadas por deidades femininas e espíritos aquáticos que concediam bênçãos àqueles que respeitassem sua morada. Em muitos locais, poços sagrados eram dedicados a deusas específicas da fertilidade e da cura, e peregrinos viajavam grandes distâncias para banhar-se em suas águas ou lançar oferendas – moedas, joias ou pequenos objetos pessoais – como forma de pedir proteção e orientação espiritual.

Os rituais de purificação realizados às margens dos rios eram práticas comuns, envolvendo banhos cerimoniais e a imersão dos fiéis em busca de renovação e cura. A água era um elemento essencial para equilibrar corpo e espírito, limpando as energias negativas e permitindo que o fluxo vital se alinhasse novamente com a harmonia cósmica. Em alguns locais, as fontes eram consideradas oráculos naturais, e os sacerdotes interpretavam as ondulações e os reflexos da água para prever o futuro ou receber mensagens dos deuses.

Elevando-se sobre as terras celtas, as montanhas dominavam a paisagem com sua imponência e mistério. Para esse povo, essas colossais formações rochosas não eram apenas acidentes geográficos, mas sim pilares que sustentavam a conexão entre o mundo humano e o divino. Seus cumes, muitas vezes envoltos em névoas, eram vistos como pontos de acesso ao Outro Mundo, locais onde a barreira entre os reinos se tornava mais frágil e a comunicação com os deuses era mais clara. Muitas montanhas eram associadas a divindades específicas ou a heróis lendários que, segundo as histórias, haviam escalado seus picos em busca de sabedoria ou desafios espirituais.

As peregrinações às montanhas sagradas eram ritos de passagem, jornadas de autodescoberta e transformação. Subir até o topo era considerado um ato de coragem e fé, pois exigia esforço físico e resistência espiritual. Aqueles que empreendiam essa travessia muitas vezes retornavam com uma visão renovada de si mesmos e de seu propósito, como se a altitude lhes concedesse uma perspectiva mais ampla do destino e das forças que regiam o universo. Algumas dessas montanhas eram também cenários de ritos druidicos e festivais sazonais, onde o povo se reunia para celebrar a passagem do tempo e a renovação das energias naturais.

Além das árvores sagradas, das águas vivificantes e das montanhas imponentes, havia as pedras – testemunhas silenciosas do tempo e guardiãs de um poder ancestral. Os celtas acreditavam que certos monólitos e formações rochosas possuíam energias concentradas, sendo portais para o Outro Mundo ou pontos de conexão com forças espirituais. Os menires solitários, erguidos por mãos desconhecidas há milênios, eram considerados marcos de poder, capazes de canalizar energias e proteger aqueles que viviam ao seu redor. Já os círculos de pedra, como o famoso

Stonehenge, eram templos a céu aberto, usados para alinhamentos astronômicos, rituais sagrados e comunhão com os deuses.

Os rituais realizados nesses locais envolviam danças, cânticos e meditações profundas. Cada pedra, disposta de maneira meticulosa, ressoava com a energia da terra e do cosmos, e a posição dos astros era frequentemente levada em conta para determinar o momento ideal das cerimônias. Era comum que os druidas utilizassem as pedras para canalizar curas, impondo as mãos sobre suas superfícies ou colocando doentes ao seu redor para absorverem a energia emanada.

Cada um desses locais sagrados possuía uma história própria, um mito que explicava sua origem e seu significado. Alguns eram dedicados a divindades específicas, recebendo oferendas e preces constantemente, enquanto outros eram reverenciados simplesmente por sua beleza imponente e aura mística. O ato de peregrinar até esses pontos era visto como uma forma de se alinhar ao fluxo da natureza, fortalecendo o vínculo entre os homens e os deuses.

No fim das contas, os lugares sagrados celtas eram muito mais do que espaços de culto; eram expressões vivas da espiritualidade desse povo e de sua relação com o universo. Eles representavam a crença na sacralidade presente em todos os elementos da natureza, na energia pulsante que ligava cada ser vivo à grande teia da existência. Para os celtas, honrar esses lugares era uma forma de reafirmar seu pertencimento a um cosmos sagrado e harmonioso. Hoje, ao conhecermos e contemplarmos esses locais, podemos sentir resquícios dessa conexão ancestral e, talvez, encontrar inspiração para nossa própria jornada espiritual.

Os ecos dos lugares sagrados ainda ressoam no presente, como lembranças vivas da conexão profunda entre os antigos celtas e a terra que os acolhia. Suas florestas, rios, montanhas e pedras continuam a guardar segredos para aqueles que sabem ouvir, lembrando-nos de que o sagrado não está apenas nesses locais distantes, mas em cada folha, em cada sopro do vento e em cada batida do coração. Ao reconhecer a sacralidade que permeia o mundo natural, reencontramos um vínculo perdido e redescobrimos a sabedoria que nos convida a viver em harmonia com os ciclos da existência, tal como faziam aqueles que vieram antes de nós.

Capítulo 15
Árvores Sagradas

As árvores ocupavam um lugar central na espiritualidade celta, sendo reverenciadas como entidades sagradas, fontes de conhecimento e elo entre os mundos visível e invisível. Longe de serem apenas elementos naturais, elas eram reconhecidas como seres dotados de consciência, possuindo uma essência viva que transcendia o tempo e o espaço. Para os celtas, cada árvore carregava uma energia única, uma sabedoria própria que influenciava tanto o equilíbrio da natureza quanto os destinos humanos. Bosques inteiros eram consagrados ao culto dessas árvores, onde rituais, cerimônias e práticas mágicas se desenrolavam sob a proteção de suas copas ancestrais. A presença das árvores na vida celta não se limitava ao plano físico, mas estendia-se à esfera mística, conectando os homens às divindades e ao conhecimento dos ancestrais. A relação entre os celtas e as árvores não era apenas de veneração, mas também de aprendizado, pois nelas encontravam lições de resistência, renovação e harmonia com o universo.

A força simbólica das árvores sagradas refletia-se em seus usos rituais, em sua influência sobre os mitos e em sua associação com divindades e forças cósmicas.

Entre todas, o carvalho destacava-se como o mais poderoso, representando a conexão com o divino e a sabedoria dos druidas, que realizavam cerimônias sob sua majestosa presença. Já o teixo, com sua capacidade de regeneração, simbolizava a continuidade da vida além da morte, sendo um portal para o Outro Mundo. O freixo, com suas raízes profundas e tronco imponente, era visto como a Árvore do Mundo, sustentando a ligação entre os três planos da existência. Outras espécies, como a aveleira, a macieira e o salgueiro, também desempenhavam papéis essenciais, seja como fontes de inspiração e conhecimento, seja como instrumentos de magia e proteção. Em cada folha, fruto e tronco, os celtas enxergavam mensagens ocultas e forças invisíveis, compreendendo que a natureza não apenas oferecia abrigo e alimento, mas também respostas para os mistérios da existência.

    A espiritualidade celta manifestava-se na forma como essas árvores eram integradas ao cotidiano, servindo como guias na jornada da vida. Amuletos confeccionados a partir de seus ramos, infusões preparadas com suas folhas e rituais realizados sob sua sombra demonstravam a crença profunda de que as árvores eram guardiãs da ordem cósmica e detentoras do equilíbrio entre os elementos. Respeitar e compreender as árvores sagradas significava honrar os ciclos naturais e viver em sintonia com a Terra e seus poderes. Essa relação transcendia o tempo, ecoando ainda hoje na forma como a conexão com a natureza pode trazer ensinamentos valiosos sobre força, renovação e harmonia. Ao mergulhar no universo das árvores sagradas celtas, não apenas compreendemos sua cultura e espiritualidade, mas também resgatamos a importância de uma relação profunda e respeitosa com o mundo natural.

O carvalho, imponente em sua grandiosidade e detentor de uma longevidade que atravessa eras, reinava absoluto entre as árvores sagradas. Considerado o rei da floresta, simbolizava força inabalável, resistência ao tempo e profunda sabedoria. Não era apenas uma árvore; era um pilar da espiritualidade celta, uma ponte entre o mundo terreno e o divino. Os druidas, guardiões do conhecimento ancestral, escolhiam os bosques de carvalho para suas cerimônias e rituais, acreditando que ali, sob suas copas robustas, poderiam acessar a sabedoria dos deuses e receber revelações místicas. Cada carvalho era visto como uma morada sagrada, onde divindades poderosas residiam, concedendo proteção e orientação àqueles que lhes prestavam reverência. Suas bolotas, pequenas joias da floresta, não eram apenas fonte de alimento, mas carregavam em si propriedades mágicas, sendo utilizadas em rituais de cura, amuletos protetores e até mesmo como oráculos para prever o destino. Estar sob um carvalho não era apenas encontrar sombra e abrigo; era sentir a presença viva da espiritualidade celta pulsando na madeira antiga, nas folhas que dançavam ao vento e nas raízes que mergulhavam nas profundezas da terra, conectando-se ao coração do mundo.

Já o teixo, com sua folhagem perene e sua misteriosa capacidade de regeneração, possuía um significado ainda mais profundo dentro do simbolismo celta. Para esse povo, ele não representava apenas a longevidade, mas o ciclo infinito de vida, morte e renascimento. Associado ao Outro Mundo, o domínio dos espíritos e dos ancestrais, era comum encontrar teixos plantados próximos a cemitérios e locais de sepultamento, pois acreditava-se que essas árvores serviam como portais entre os vivos e os que haviam partido. O teixo era a própria essência da imortalidade, demonstrando que a morte não era um fim, mas apenas uma transição para uma nova forma de existência. Suas folhas e frutos, embora venenosos, eram utilizados com extremo respeito em rituais de passagem e proteção espiritual. Sob sua sombra, os celtas meditavam sobre os mistérios da existência, buscando compreender os segredos da eternidade e o caminho que suas almas trilhariam após a vida terrena. Em noites de rituais, era comum que os druidas utilizassem ramos de teixo para traçar símbolos sagrados no solo, invocando a proteção dos espíritos ancestrais e pedindo orientação para os desafios do presente e do futuro.

O freixo, com sua madeira firme, resistente e ao mesmo tempo flexível, era um símbolo de força e adaptação, qualidades essenciais para aqueles que desejavam trilhar um caminho sábio e equilibrado. Para os celtas, ele não era apenas uma árvore, mas sim a própria Árvore da Vida, aquela que sustentava os três planos da existência: o céu, a terra e o submundo. Suas raízes mergulhavam profundamente, seu tronco erguia-se com firmeza e seus galhos tocavam os céus, formando uma conexão que transcendia os limites do mundo físico. O freixo era utilizado na confecção de armas e ferramentas, pois acreditava-se que sua madeira carregava a essência da proteção e da coragem. Além disso, folhas e sementes de freixo eram frequentemente empregadas na preparação de poções curativas e amuletos protetores, pois acreditava-se que essa árvore detinha o poder de afastar doenças e más influências. Nas narrativas mitológicas, o freixo frequentemente surgia como uma árvore de origem divina, um eixo cósmico que mantinha a ordem do universo e guiava aqueles que buscavam compreender os mistérios da existência.

     A aveleira, por sua vez, era a árvore da sabedoria, da inspiração e da conexão com os segredos do universo. Sua presença era considerada um presságio de conhecimento profundo e revelações espirituais. Acreditava-se que aquele que comesse suas avelãs adquiria imediatamente uma visão ampliada do mundo, despertando dons de profecia e adivinhação. Os bardos e poetas celtas reverenciavam a aveleira, buscando nela a inspiração para suas composições e histórias. Muitas varinhas mágicas eram feitas de sua madeira, pois ela carregava a essência da intuição e do discernimento. Nos rituais, suas folhas e frutos eram empregados em práticas de adivinhação, auxiliando aqueles que buscavam respostas sobre o futuro ou precisavam tomar decisões importantes. Em bosques sagrados, riachos corriam ao lado de aveleiras antigas, e lendas contavam que suas raízes tocavam fontes de sabedoria escondidas nas profundezas da terra. Sentar-se à sombra de uma aveleira, em meditação, era uma prática comum entre aqueles que desejavam acessar a clareza mental e compreender melhor os desígnios dos deuses.

A macieira, de beleza delicada e frutos irresistíveis, possuía um papel essencial nos mitos e rituais celtas. Associada ao amor, à fertilidade e à imortalidade, era vista como a árvore da deusa, um símbolo da união entre o mundo humano e o divino. Os celtas acreditavam que as maçãs possuíam propriedades mágicas e que aqueles que as comessem poderiam experimentar visões proféticas ou até mesmo alcançar a juventude eterna. A macieira estava presente nos contos de heróis e lendas sobre terras encantadas, onde seus frutos dourados eram oferecidos como prova de bênção divina. Seus galhos floridos eram utilizados em rituais de amor, e suas pétalas eram espalhadas sobre altares para atrair harmonia e prosperidade. Em cerimônias matrimoniais, era comum presentear os noivos com maçãs, desejando-lhes uma união longa e frutífera. Mais do que um símbolo de doçura e abundância, a macieira representava o próprio ciclo da vida, com suas flores que desabrochavam na primavera, seus frutos que amadureciam no outono e suas folhas que caíam no inverno, apenas para renascer com renovado vigor no ano seguinte.

O salgueiro, com seus ramos flexíveis e sua conexão íntima com a água, era visto como a árvore da intuição, da emoção e da cura. Crescendo sempre à beira de rios e lagos, parecia sussurrar segredos ao vento e refletir os sentimentos daqueles que se aproximavam de suas raízes. Associado à deusa e aos poderes lunares, o salgueiro era uma árvore de transformação e magia.

Suas folhas e cascas eram utilizadas na preparação de infusões curativas, enquanto seus ramos eram empregados na confecção de cestos e instrumentos sagrados. Durante os rituais de purificação, era comum que os celtas mergulhassem ramos de salgueiro na água e aspergissem o líquido sobre aqueles que buscavam renovação e equilíbrio espiritual. O salgueiro também era um guia para os sonhos e visões; muitas tradições afirmavam que dormir sob sua copa poderia trazer revelações do Outro Mundo, mensagens dos deuses ou visitas dos ancestrais. Com sua aparência melancólica, mas profundamente acolhedora, essa árvore lembrava aos celtas que as emoções eram tão fluidas quanto os rios e que, assim como a água, a alma precisava fluir livremente para encontrar seu verdadeiro caminho.

Cada uma dessas árvores sagradas representava um aspecto essencial da espiritualidade celta, manifestando os ensinamentos da natureza e a conexão com as forças cósmicas. Para os celtas, honrar as árvores não era apenas um ato de veneração, mas um reconhecimento de que a própria vida era um ciclo contínuo de aprendizado, renovação e harmonia. Através da sabedoria dessas árvores, eles compreendiam a importância de viver em equilíbrio com a terra e os elementos, respeitando os ritmos da natureza e buscando sempre a comunhão com o sagrado.

Ao contemplarmos as árvores sagradas dos celtas, percebemos que elas não eram apenas símbolos de poder e espiritualidade, mas também testemunhas vivas da conexão profunda entre os homens e a natureza. Cada tronco que resiste ao tempo, cada folha que dança ao vento e cada raiz que se entrelaça com a terra nos recordam que a sabedoria está presente em cada ciclo, em cada transformação. Honrar essas árvores é mais do que reverenciar o passado; é resgatar a essência de um conhecimento ancestral que nos ensina sobre força, renovação e equilíbrio. Pois, tal como os celtas sabiam, ao ouvirmos a voz silenciosa das árvores, aprendemos, enfim, a linguagem da própria vida.

Capítulo 16
Animais Sagrados

Na cosmovisão celta, os animais eram muito mais do que simples criaturas da natureza; eram símbolos vivos de forças espirituais, manifestações do sagrado e portadores de mensagens do Outro Mundo. Cada animal possuía um significado profundo e estava associado a qualidades específicas que refletiam a essência da vida e do universo. Acreditava-se que essas criaturas detinham conhecimentos ancestrais e que sua presença podia influenciar o destino dos homens, oferecendo proteção, orientação e poder. Os celtas observavam atentamente os hábitos e comportamentos dos animais, interpretando seus sinais como presságios e lições valiosas para a jornada terrena. A relação entre os humanos e os animais era permeada por respeito, admiração e reverência, pois compreendia-se que, por meio dessas criaturas, os deuses e os espíritos da natureza se comunicavam diretamente com os mortais.

A forte conexão entre os celtas e os animais sagrados era refletida em suas crenças espirituais e em seus rituais. Muitos guerreiros adotavam a força e a coragem dos animais totêmicos como inspiração para suas batalhas, enquanto os druidas, sábios e sacerdotes, utilizavam-se do simbolismo animal para decifrar mensagens espirituais e compreender os mistérios do universo. O urso, por exemplo, representava poder e liderança, guiando aqueles que buscavam coragem e resistência. O corvo, com sua inteligência e misticismo, era um mensageiro entre os mundos, carregando consigo o conhecimento oculto dos deuses. O javali simbolizava determinação e bravura, sendo um exemplo de persistência diante dos desafios da vida. Já o salmão, com sua incansável jornada contra a correnteza, era um arquétipo da busca pela sabedoria e do retorno às origens espirituais. Cada criatura, com sua força singular, fazia parte de uma teia sagrada que interligava todos os seres e elementos da existência.

A espiritualidade celta não apenas reconhecia a importância dos animais, mas também os celebrava como aliados na jornada humana rumo à compreensão do divino. O cavalo, com sua imponência e lealdade, representava a liberdade e a nobreza, sendo muitas vezes associado à viagem entre os mundos físico e espiritual. O cervo, por sua vez, simbolizava a renovação e a conexão com os ciclos naturais da vida. Essas criaturas, além de inspirarem os celtas em sua relação com o mundo natural, reforçavam a crença de que a harmonia entre humanos, animais e forças cósmicas era essencial para a plenitude da existência. Ao compreender o simbolismo dos animais sagrados, não apenas mergulhamos no pensamento celta, mas também resgatamos uma visão de mundo onde a natureza e o sagrado estão entrelaçados, ensinando-nos a viver com mais respeito, equilíbrio e sintonia com o universo.

O urso, imponente e majestoso, ocupava um lugar central na simbologia celta, sendo considerado o rei dos animais. Sua força bruta e sua presença dominante o tornavam um símbolo de poder inquestionável, mas sua essência ia além da mera brutalidade física. Os celtas enxergavam no urso a representação da coragem e da liderança, qualidades indispensáveis para aqueles que precisavam enfrentar batalhas, tanto no campo físico quanto no espiritual. Acreditava-se que esse animal totêmico era um guardião das florestas e das comunidades, protegendo aqueles que invocavam sua força. Além disso, sua capacidade de hibernar e depois emergir renovado fazia do urso um arquétipo de transformação e renascimento, um espelho da própria natureza cíclica da vida. Para os guerreiros celtas, conectar-se espiritualmente com o urso significava absorver sua determinação e seu espírito indomável, tornando-se invencível diante dos desafios. Em muitos rituais, os druidas evocavam a energia desse grande animal para fortalecer os combatentes e garantir a proteção dos territórios, acreditando que o urso carregava consigo uma ligação direta com o mundo espiritual.

 O javali, por sua vez, era um dos mais respeitados símbolos de bravura e determinação no universo celta. Selvagem e feroz, esse animal não recuava diante do perigo, enfrentando qualquer adversidade com uma coragem inabalável. Sua capacidade de sobreviver em ambientes hostis e de lutar ferozmente para proteger seu território era vista como um exemplo supremo de força de vontade e resiliência. Os celtas admiravam profundamente essa natureza indomável e, por isso, guerreiros muitas vezes usavam peles ou presas de javali como amuletos, acreditando que tais objetos lhes confeririam coragem e resistência em combate. Além disso, o javali possuía uma forte conexão com a terra e com os mistérios da floresta, sendo associado à fertilidade e à abundância. Festas e rituais dedicados a esse animal eram comuns, e sua carne era considerada um alimento sagrado em banquetes cerimoniais. Entre as histórias lendárias, o javali frequentemente aparecia como uma criatura desafiadora que testava a coragem dos heróis, simbolizando a necessidade de enfrentar os próprios medos para alcançar o crescimento espiritual.

 Já o corvo, com sua inteligência aguçada e seu voo enigmático, ocupava uma posição singular na mitologia celta. Este pássaro negro era visto como um mensageiro entre os mundos, carregando consigo segredos do Outro Mundo e revelações dos deuses. Seu grasnido era interpretado como um aviso, e sua aparição inesperada era considerada um presságio que poderia indicar tanto proteção quanto destruição. Os celtas acreditavam que o corvo guiava as almas dos mortos em sua jornada pós-vida, servindo como um guardião dos mistérios espirituais. Esse aspecto dual da ave – entre a vida e a morte, entre a sabedoria e o presságio – fazia dela um símbolo poderoso de transformação e renovação. Entre os druidas, o corvo era reverenciado como um portador de conhecimento oculto, e muitos praticantes da magia e da adivinhação buscavam interpretar seu comportamento para desvendar mensagens do além. Além disso, o corvo estava fortemente associado às deusas da guerra, como Morrigan, que assumia sua forma nos campos de batalha para prever o destino dos combatentes. Esse laço entre o corvo e a guerra refletia a crença celta de que o conhecimento e a estratégia eram tão essenciais para a vitória quanto a força bruta.

O salmão, em contraste, era um símbolo de sabedoria e persistência. Esse peixe, conhecido por sua jornada árdua contra a correnteza para alcançar seu local de desova, inspirava os celtas a nunca desistirem de seus objetivos, mesmo quando o caminho era repleto de obstáculos. A história do Salmão da Sabedoria, presente na mitologia irlandesa, ilustra bem essa crença: dizia-se que um salmão antigo, ao se alimentar de avelãs caídas de uma árvore sagrada, adquiriu todo o conhecimento do mundo. Quem o comesse, por sua vez, herdaria sua sabedoria. Assim, o salmão tornou-se um arquétipo da busca pelo conhecimento, da conexão com a ancestralidade e da capacidade de retornar às origens espirituais. Os druidas valorizavam sua simbologia e viam no ciclo de vida desse peixe uma representação da jornada da alma, que atravessa inúmeros desafios para alcançar a iluminação. Além disso, o salmão também estava relacionado à intuição e à memória, sendo considerado um guia para aqueles que buscavam respostas dentro de si mesmos.

O cavalo, com sua beleza e imponência, era um dos animais mais reverenciados pelos celtas, representando liberdade, força e nobreza. Desde tempos antigos, os cavalos eram essenciais para a sobrevivência desse povo, sendo utilizados tanto nas batalhas quanto no transporte e na agricultura. No entanto, sua importância transcendia o aspecto prático, pois os celtas acreditavam que esses animais possuíam poderes místicos e eram capazes de viajar entre os mundos. Muitas divindades celtas estavam associadas a cavalos, como Epona, a deusa protetora dos equinos, da fertilidade e das viagens. Ela era cultuada não apenas pelos celtas, mas também pelos romanos, que reconheceram sua importância e a incorporaram em seu panteão. Além disso, o cavalo era considerado um condutor de almas, guiando os espíritos dos mortos para o Outro Mundo. A presença desse animal em rituais funerários e sua representação em esculturas e artefatos arqueológicos reforçam sua conexão com a espiritualidade celta. Em muitas tradições, montar um cavalo era visto como um ato simbólico de domínio sobre as forças da natureza e da conexão entre o homem e o divino.

Por fim, o cervo, com sua graça e imponência, simbolizava a força vital da natureza e a renovação da vida. Os celtas enxergavam nesse animal uma representação da fertilidade e da abundância, associando seus chifres à Árvore da Vida, que ligava o céu e a terra. O cervo era frequentemente retratado como um mensageiro dos deuses, um guia que levava os seres humanos à iluminação espiritual. Sua presença nas florestas sagradas era considerada um sinal de bênção, e muitos acreditavam que segui-lo poderia levar a revelações profundas. Algumas lendas descrevem guerreiros e caçadores que, ao perseguirem um cervo místico, acabavam sendo conduzidos a reinos mágicos, onde aprendiam valiosas lições sobre si mesmos e o mundo. Para os druidas, o cervo representava a harmonia com a natureza e a necessidade de respeitar os ciclos da vida. Seus chifres, que caíam e voltavam a crescer, simbolizavam a constante renovação e a capacidade de recomeçar. Assim, esse animal sagrado inspirava os celtas a buscar uma existência equilibrada e alinhada com as forças naturais.

Os animais sagrados celtas não eram apenas figuras simbólicas, mas representações vivas das forças cósmicas que regiam o universo. Cada criatura carregava consigo uma lição valiosa, um poder único e uma conexão profunda com o sagrado. Através da observação e do respeito por esses seres, os celtas encontravam caminhos para compreender a si mesmos e ao mundo ao seu redor, reafirmando sua crença na interconexão entre todos os seres vivos e na presença do divino em cada aspecto da existência.

Ao reconhecerem os animais como manifestações do sagrado, os celtas reforçavam a ideia de que a natureza era uma extensão do divino, um reflexo vivo dos mistérios do universo. Cada criatura, com suas forças e simbolismos únicos, servia como um elo entre os homens e os deuses, guiando os mortais por meio de sinais e ensinamentos ocultos. Essa visão não apenas fortalecia sua espiritualidade, mas também moldava sua relação com o mundo natural, baseada no respeito e na harmonia. Assim, os animais sagrados não eram apenas figuras míticas ou totens de poder, mas companheiros espirituais que ajudavam os celtas a trilhar sua jornada na Terra, sempre em busca de equilíbrio, sabedoria e conexão com o eterno.

Capítulo 17
Magia Celta

A magia celta era uma força viva que fluía através de todos os elementos da existência, entrelaçando o visível e o invisível, o natural e o espiritual, o passado e o futuro. Mais do que um conjunto de feitiços ou práticas ocultas, essa tradição mágica era um reflexo da profunda conexão dos celtas com a natureza e com os ciclos da vida. Tudo no mundo possuía um espírito e uma energia sagrada, desde o sopro do vento até a seiva que corria nas árvores ancestrais. Os celtas compreendiam que a magia não era uma ferramenta para manipular a realidade, mas sim um meio de interagir com as forças cósmicas em equilíbrio e respeito. A harmonia entre os elementos e a compreensão dos sinais da natureza eram fundamentais para acessar esse conhecimento oculto e canalizar sua potência para cura, proteção e transformação.

Os druidas, sábios e guardiões do conhecimento místico, eram os principais mediadores da magia celta. Eram eles que dominavam os segredos das ervas, das pedras e dos ciclos lunares, compreendendo os fluxos de energia que ligavam os diferentes reinos da existência. A prática mágica celta era fundamentada na observação da natureza e na crença de que cada elemento possuía um espírito guardião, capaz de oferecer orientação e poder para aqueles que soubessem escutá-lo. Os bosques sagrados, os círculos de pedra e as fontes cristalinas eram considerados portais para outras dimensões, onde os deuses e os ancestrais podiam ser contatados. Em cerimônias realizadas sob a luz da lua ou durante os festivais sazonais, os celtas invocavam essas energias para fortalecer a comunidade e alinhar-se com os ritmos naturais do universo.

Além dos rituais e encantamentos, a magia celta também se manifestava na criação de amuletos e talismãs, objetos carregados de significado e poder. Runas eram gravadas em pedras, símbolos eram entrelaçados em tecidos e ervas específicas eram reunidas para proteção ou fortalecimento espiritual. Os celtas compreendiam que tudo ao seu redor podia ser um canal para a magia, desde o voo de um pássaro até a disposição das folhas caídas ao chão. Viver em sintonia com essa visão significava respeitar a sacralidade do mundo e compreender que a verdadeira magia estava na conexão com a terra, com o céu e com os espíritos que habitavam ambos os reinos. Hoje, ao estudarmos a magia celta, podemos resgatar essa compreensão ancestral e aplicá-la como um caminho de equilíbrio, sabedoria e sintonia com as forças invisíveis que moldam nossa realidade.

Os celtas acreditavam que o universo era permeado por uma energia vital, uma força invisível e pulsante que animava todas as coisas, conectando-as em uma rede sutil e indissociável. Essa energia, chamada de *awen*, fluía incessantemente através da natureza, dos seres humanos e dos deuses, formando um elo entre o visível e o invisível, o terreno e o divino. Para os celtas, compreender e manipular essa força significava alinhar-se com os ritmos do cosmos, respeitando os ciclos da vida e utilizando a magia como um meio de interação, jamais de dominação. A magia celta, portanto, não era vista como um mero instrumento de poder, mas sim como uma prática de comunhão com as energias universais, permitindo que fossem direcionadas para cura, proteção, prosperidade e transformação.

Os druidas, sábios e mestres dessa tradição, eram os guardiões do conhecimento ancestral e os principais mediadores da magia celta. Profundos conhecedores das ervas, das pedras, dos astros e dos elementos, detinham a habilidade de interpretar os sinais da natureza e utilizavam essa sabedoria para realizar rituais, encantamentos e feitiços. A prática druídica não se baseava na imposição de vontades, mas na observação atenta dos ciclos naturais, na leitura dos presságios e na interação respeitosa com os espíritos da terra. Esses sacerdotes compreendiam que tudo no mundo possuía uma essência sagrada e que cada ser, seja uma árvore imponente, um rio caudaloso ou uma montanha silenciosa, carregava em si um fragmento do divino.

A magia celta se manifestava em diversos aspectos do cotidiano, transcendendo os grandes rituais para se integrar à vida diária de seu povo. As árvores eram vistas como pilares entre os mundos, ligando o céu, a terra e o submundo, e eram reverenciadas com oferendas e preces. Os rios e fontes, considerados portais para o reino dos espíritos, eram locais de purificação e conexão espiritual. Os animais, por sua vez, eram vistos como mensageiros dos deuses, trazendo presságios e ensinamentos àqueles que soubessem interpretar seus sinais. Essa profunda conexão com a natureza fazia com que os celtas enxergassem magia em tudo ao seu redor—no voo de um pássaro, no desenho das nuvens, no murmúrio do vento através das folhas.

Entre as práticas mágicas mais comuns estava o uso de amuletos, talismãs e joias, objetos impregnados de simbolismo e poder. Esses itens eram confeccionados com materiais escolhidos cuidadosamente, como pedras específicas, metais consagrados e ervas de propriedades mágicas. Os celtas acreditavam que tais objetos podiam canalizar as energias do universo, servindo como pontes entre o mundo material e o espiritual. Um guerreiro, por exemplo, poderia portar um amuleto esculpido com runas de proteção antes de uma batalha, enquanto uma mulher grávida poderia usar um talismã abençoado pelos druidas para garantir um parto seguro e harmonioso.

Os rituais e cerimônias eram pilares fundamentais da magia celta, sendo realizados em locais sagrados como bosques ancestrais, montanhas imponentes e círculos de pedra alinhados com os astros. Esses encontros tinham diversas finalidades: celebrar os ciclos da natureza, honrar os deuses, pedir bênçãos para as colheitas ou fortalecer os laços da comunidade. Durante as cerimônias, os druidas entoavam cânticos e recitavam encantamentos, enquanto danças rituais e oferendas eram realizadas para invocar as energias cósmicas. O fogo sagrado, símbolo da transformação e do renascimento, muitas vezes ardia no centro dos rituais, servindo como um ponto de convergência entre os mundos.

A magia celta, no entanto, não se limitava a manifestações externas. Era, acima de tudo, um caminho de transformação interna, um meio de crescimento e evolução espiritual. Os celtas acreditavam que a verdadeira magia não estava apenas nos feitiços ou nos rituais, mas na maneira como cada indivíduo se conectava com a vida, com seus próprios dons e com o fluxo natural do universo. Assim, um simples ato de contemplação da natureza, um momento de silêncio diante do mar ou uma caminhada solitária pela floresta poderiam ser tão mágicos quanto um grande ritual conduzido por druidas. A magia estava em toda parte—bastava saber enxergá-la.

Essa visão de mundo, centrada na interconexão e no respeito pelas forças invisíveis, fazia com que os celtas buscassem sempre a harmonia com o sagrado. Eles compreendiam que a magia era uma expressão da própria essência da vida, uma dança eterna entre o visível e o oculto, entre o que se sabe e o que ainda está por ser descoberto. Hoje, ao estudarmos essa tradição ancestral, podemos resgatar sua sabedoria e aplicá-la em nossas próprias jornadas, seja através da meditação, da contemplação da natureza ou da criação de rituais pessoais que nos conectem com a energia vital que permeia todas as coisas. Dessa forma, a magia celta continua viva, fluindo como um rio eterno através do tempo e do espaço, unindo aqueles que buscam compreender e honrar os mistérios do universo.

A magia celta, enraizada na harmonia entre o homem e a natureza, transcende o tempo e continua a inspirar aqueles que buscam uma conexão mais profunda com o mundo ao seu redor. Seja nos rituais ancestrais dos druidas ou na simples contemplação dos ciclos naturais, essa tradição nos ensina que o verdadeiro poder não reside na dominação, mas na comunhão com as forças sutis do universo. Ao reconhecermos a sacralidade presente em cada ser, em cada sopro do vento e em cada gota d'água, redescobrimos a magia não como algo distante ou inatingível, mas como parte essencial da própria existência.

Capítulo 18
Herbologia Mágica

A herbologia mágica celta era uma prática sagrada que unia conhecimento botânico, espiritualidade e magia, reconhecendo nas plantas não apenas suas propriedades medicinais, mas também suas energias e influências sobre o destino humano. Para os celtas, cada erva possuía um espírito próprio e estava conectada às forças da natureza, sendo capaz de canalizar energias cósmicas e atuar como ponte entre o mundo físico e o espiritual. O estudo das ervas não se resumia a um simples saber prático, mas sim a um caminho de aprendizado profundo, exigindo respeito pelos ciclos da terra e pela essência viva das plantas. Cada folha, flor ou raiz era considerada um receptáculo de poder, capaz de auxiliar na cura, proteção, purificação e transformação da realidade.

Os druidas, guardiões da tradição celta, eram os grandes mestres da herbologia mágica, transmitindo seus conhecimentos de geração em geração. Eles sabiam o momento exato para colher cada erva, respeitando os alinhamentos astrais e os ciclos da lua para potencializar sua força. A colheita nunca era feita de maneira impulsiva ou descuidada; havia rituais específicos que garantiam que o espírito da planta concedesse seus benefícios de forma harmoniosa. Algumas ervas eram associadas a divindades, outras serviam como talismãs contra forças malignas, e muitas eram usadas em poções e incensos para fortalecer a conexão espiritual. A crença celta sustentava que as plantas não apenas curavam enfermidades do corpo, mas também purificavam a mente, equilibravam as emoções e ampliavam a percepção espiritual.

    O uso das ervas na magia celta era vasto e variado, indo desde simples infusões até complexos rituais de proteção e adivinhação. O visco, por exemplo, era reverenciado como uma planta de imortalidade e poder divino, enquanto a verbena era considerada uma erva de purificação e sorte. Artemísia e beladona eram utilizadas para ampliar a intuição e facilitar o contato com o Outro Mundo, enquanto o milefólio era um símbolo de cura e coragem. Até mesmo plantas comuns, como a urtiga, possuíam um significado especial, sendo usadas para afastar energias negativas e fortalecer o corpo e o espírito. A herbologia mágica celta nos ensina que a natureza oferece recursos abundantes para o equilíbrio e o bem-estar, bastando apenas que saibamos respeitá-la e nos sintonizar com sua sabedoria ancestral.

    Os druidas, guardiões da sabedoria ancestral, dedicavam suas vidas ao estudo da herbologia mágica, um conhecimento que transcendia o uso meramente medicinal das plantas e se aprofundava em seus aspectos espirituais e energéticos. A aprendizagem dessa arte não era um processo rápido ou simples; ao contrário, exigia anos de observação, experiência e sintonia com os ritmos da natureza. Eles compreendiam que cada erva possuía um espírito próprio e uma essência mágica única, e que sua colheita e utilização deveriam ser realizadas com respeito e reverência. Assim, antes de colher qualquer planta, realizavam rituais de agradecimento à terra e ao espírito da erva, garantindo que seu uso fosse harmonioso e eficaz.

O momento da colheita era crucial para potencializar os efeitos das ervas, e os druidas seguiam calendários lunares e ciclos sazonais para determinar o instante exato em que uma planta estava em seu ápice energético. Algumas ervas eram colhidas ao nascer do sol, quando o orvalho ainda cobria suas folhas e carregava a pureza da madrugada; outras, sob a luz da lua cheia, quando sua conexão com o mundo espiritual era intensificada. Além disso, ferramentas específicas eram utilizadas na colheita, como foices de ouro para cortar o visco sem que este tocasse o chão, um gesto simbólico que preservava sua pureza e poder.

Uma vez colhidas, as ervas eram preparadas com métodos cuidadosamente estudados para preservar e amplificar suas propriedades. Secagem ao ar, maceração em óleos ou infusões em água pura eram algumas das técnicas utilizadas, sempre acompanhadas de orações e encantamentos que direcionavam suas energias para a finalidade desejada. O preparo das ervas não era um ato mecânico, mas um processo ritualístico em que a intenção do druida era fundamental para ativar suas propriedades mágicas. Acreditava-se que a maneira como uma erva era manuseada influenciava diretamente sua eficácia, e por isso os druidas ensinavam a seus aprendizes a importância da concentração e do respeito durante todo o processo.

Essas ervas eram utilizadas em diversas práticas, desde a cura de enfermidades e a proteção contra forças malignas até a ampliação da intuição e o fortalecimento do espírito. As poções eram preparadas com combinações precisas de plantas, criando elixires que equilibravam corpo e mente. Unguentos eram formulados para aliviar dores, acelerar a cicatrização de feridas e fortalecer o corpo contra doenças. Incensos eram queimados em cerimônias para purificação e elevação espiritual, enquanto amuletos feitos com ervas secas eram carregados como talismãs de proteção e boa sorte.

Entre as plantas mais reverenciadas na herbologia mágica celta, o visco se destacava como um símbolo de imortalidade e proteção. Considerado sagrado, era colhido com extremo cuidado e utilizado em rituais de cura e fertilidade. Sua presença nos lares afastava influências negativas e trazia bênçãos aos habitantes. A verbena, conhecida como "erva sagrada", era amplamente empregada em rituais de purificação, amor e prosperidade. Seu aroma era considerado capaz de limpar ambientes de energias pesadas e atrair harmonia.

A artemísia, consagrada à deusa Artemis, era valorizada por sua capacidade de proteção espiritual e ampliação da percepção. Seu uso em travesseiros ajudava a afastar pesadelos e facilitar sonhos proféticos. Já a beladona, apesar de seu perigo, era empregada com extrema cautela em práticas de adivinhação e comunicação com o Outro Mundo. Seus efeitos alucinógenos eram temidos e respeitados, e apenas os mais experientes ousavam utilizá-la.

O milefólio, também chamado de "a erva dos soldados", era um aliado poderoso na cura de ferimentos, estancando sangramentos e prevenindo infecções. Além de suas propriedades físicas, era considerado um símbolo de coragem e proteção, sendo utilizado por guerreiros antes das batalhas. A urtiga, apesar de sua fama de planta agressiva, possuía um vasto uso medicinal e mágico. Fortalecia o corpo, purificava o sangue e afastava influências negativas, sendo empregada em banhos de limpeza e rituais de proteção.

A visão celta sobre a herbologia mágica não separava o físico do espiritual. Para eles, cada planta carregava uma vibração única que podia atuar em diferentes níveis do ser humano, promovendo não apenas a cura do corpo, mas também o equilíbrio emocional e a expansão da consciência. O respeito à natureza e a sintonia com seus ritmos eram fundamentais para que o poder das ervas fosse plenamente acessado.

Aqueles que desejavam aprender essa arte precisavam não apenas estudar as propriedades das plantas, mas também desenvolver uma profunda conexão com a terra e seus ciclos. A observação atenta das estações, o entendimento das influências lunares e o respeito pelos espíritos da natureza eram requisitos essenciais para um verdadeiro herborista celta. A prática da herbologia mágica não era apenas uma ciência, mas um caminho espiritual, uma forma de honrar a vida e o sagrado que habita em cada folha, raiz e flor.

Dessa forma, a sabedoria ancestral dos druidas continua a ecoar através dos séculos, inspirando aqueles que buscam reconectar-se com a magia das ervas e com o equilíbrio natural do universo.

A herbologia mágica celta nos ensina que o verdadeiro poder das plantas vai além de suas propriedades curativas ou místicas; ele reside na relação de respeito e sintonia que cultivamos com a natureza. Para os celtas, cada erva era um presente dos deuses, um fragmento da energia universal acessível àqueles que soubessem ouvi-la e usá-la com sabedoria. Esse conhecimento ancestral continua vivo, nos lembrando de que a magia está na terra sob nossos pés, nas folhas que dançam ao vento e na harmonia invisível que conecta todos os seres. Ao resgatarmos essa visão, não apenas honramos o legado dos druidas, mas também nos reaproximamos do equilíbrio sagrado que rege a vida.

Capítulo 19
Cristais e Pedras

Os celtas enxergavam o mundo mineral como uma manifestação sagrada da energia da terra, repleta de força e sabedoria ancestral. Para eles, cristais e pedras não eram apenas elementos inertes, mas sim portadores de poder, capazes de influenciar os destinos humanos, fortalecer a conexão com o divino e servir como ferramentas de cura e proteção. Acreditava-se que cada pedra possuía uma vibração única, ressoando com diferentes aspectos da existência e interagindo com a energia dos seres vivos. Dessa forma, o uso de cristais fazia parte da vida cotidiana, dos rituais espirituais e da construção de monumentos sagrados, unindo o povo celta à essência da natureza e ao equilíbrio do cosmos.

Os druidas, sacerdotes e sábios da cultura celta, dominavam o conhecimento sobre as propriedades energéticas dos cristais e sabiam como utilizá-los para fortalecer o espírito e alinhar as forças naturais. Pedras eram escolhidas com base em suas características, cores e associações astrológicas, sendo empregadas tanto na confecção de amuletos quanto na criação de espaços sagrados, como os círculos de pedra. Alguns cristais eram usados para atrair prosperidade e coragem, enquanto outros eram valorizados por sua capacidade de proteger contra influências negativas ou facilitar a comunicação com o Outro Mundo. Acreditava-se que a energia das pedras podia ser amplificada por meio de rituais e intenções, tornando-as poderosas aliadas para aqueles que buscavam crescimento espiritual, equilíbrio emocional e conexão com o divino.

Além dos cristais preciosos e semipreciosos, os celtas também reconheciam o poder das pedras naturais encontradas nos campos, rios e montanhas. Menires e dolmens eram erguidos em locais estratégicos, canalizando as energias telúricas e servindo como pontos de encontro entre o mundo terreno e o espiritual. Círculos de pedra, como o famoso Stonehenge, refletiam esse profundo entendimento sobre a influência dos minerais na energia da terra e nos ciclos cósmicos. A tradição celta nos ensina que os cristais e pedras não são meros adornos, mas sim instrumentos vivos de força e sabedoria, capazes de transformar nossa percepção do mundo e nos guiar na busca pela harmonia e pelo sagrado.

Os druidas, detinham um profundo conhecimento sobre os cristais e suas propriedades energéticas. Para eles, essas pedras eram mais do que meros adornos; eram portadoras de forças primordiais, capazes de influenciar a energia dos seres vivos e servir como pontes entre o mundo material e o espiritual. Cada cristal era escolhido com esmero, levando em conta suas correspondências astrológicas, sua relação com os elementos e sua afinidade com determinadas intenções mágicas. Esse processo de seleção não era aleatório, mas sim um ritual em si, realizado com profundo respeito e propósito, visando potencializar ao máximo os efeitos da pedra em questão.

A preparação dos cristais era uma prática sagrada, carregada de simbolismo e intenção. Antes de serem utilizados, os druidas os purificavam, muitas vezes banhando-os em fontes naturais, expondo-os à luz da lua ou enterrando-os na terra para que se reconectassem com sua essência primordial. Esse ritual de limpeza e consagração era essencial para garantir que a energia da pedra estivesse alinhada ao propósito desejado. Apenas após esse processo os cristais eram empregados em diferentes práticas, desde a cura de enfermidades físicas e emocionais até a proteção contra forças negativas e a canalização de mensagens do Outro Mundo. Os druidas sabiam que os cristais atuavam como intermediários entre os seres humanos e as forças cósmicas, ampliando a percepção espiritual e permitindo um contato mais profundo com as dimensões invisíveis.

A variedade de cristais utilizados pelos celtas era vasta, cada um com sua função específica dentro da magia e da espiritualidade. O quartzo transparente, por exemplo, era considerado o mestre curador, um amplificador energético capaz de harmonizar os chakras e restaurar o equilíbrio interior. Sua pureza simbolizava a conexão direta com o divino, tornando-o indispensável em rituais de purificação e fortalecimento espiritual. Para aqueles que buscavam sabedoria e elevação da consciência, a ametista era a pedra ideal. Seu tom violeta evocava a espiritualidade e a introspecção, auxiliando na meditação, acalmando a mente e protegendo contra influências negativas. Além disso, era considerada uma poderosa aliada no combate a vícios e padrões destrutivos, ajudando na transformação interior.

A cornalina, por outro lado, era uma pedra de energia vibrante, associada à vitalidade, à coragem e à criatividade. Seu brilho avermelhado evocava a força do fogo, impulsionando a ação e dissipando o medo. Muitos guerreiros celtas levavam amuletos de cornalina para o campo de batalha, acreditando que ela lhes conferia proteção e vigor. Já a turquesa, de tom azul-esverdeado, era reverenciada como uma pedra sagrada, símbolo de boa sorte e harmonia. Os celtas acreditavam que ela tinha o poder de fortalecer os laços de amizade, trazer serenidade e facilitar a comunicação com o mundo espiritual. Além disso, era amplamente utilizada como talismã de proteção contra energias nocivas e doenças.

Para as mulheres celtas, a pedra da lua possuía um significado especial. Associada à feminilidade e à intuição, era considerada uma manifestação da energia lunar e do sagrado feminino. Acreditava-se que essa pedra ajudava a equilibrar as emoções, promovia a fertilidade e atraía o amor verdadeiro. Muitas sacerdotisas e curandeiras celtas usavam a pedra da lua em seus rituais, buscando acessar a sabedoria intuitiva e fortalecer sua conexão com as forças naturais. Já a obsidiana, com sua aparência escura e misteriosa, era uma pedra de proteção e transformação. Os celtas a utilizavam para afastar influências negativas, purificar ambientes e auxiliar na cura emocional. Como um espelho da alma, a obsidiana trazia à tona verdades ocultas e ajudava aqueles que buscavam autoconhecimento e crescimento espiritual.

Além dos cristais, os celtas também reconheciam a força das pedras brutas encontradas na natureza, como o granito, o quartzito e o arenito. Essas rochas eram empregadas na construção de monumentos sagrados, como os menires, os círculos de pedra e os dolmens. Cada uma dessas estruturas tinha um propósito específico, seja como um ponto de conexão com a energia da terra, um local de rituais ou uma passagem para o Outro Mundo. Acreditava-se que essas pedras possuíam uma energia ancestral, acumulada ao longo dos séculos, e que podiam ser utilizadas para cura, proteção e orientação espiritual.

Os círculos de pedra, como o famoso Stonehenge, eram planejados de maneira meticulosa, respeitando alinhamentos astronômicos e fluxos energéticos da terra. Esses locais serviam como verdadeiros templos a céu aberto, onde druidas e iniciados realizavam cerimônias em sintonia com os ciclos naturais. Durante os solstícios e equinócios, esses espaços sagrados eram palco de rituais que buscavam equilibrar as forças da natureza e renovar a harmonia entre o mundo humano e o divino. Para os celtas, as pedras não eram apenas matéria inerte, mas sim entidades vivas, carregadas de poder e memória. Elas guardavam a história da terra e transmitiam sua sabedoria àqueles que sabiam ouvi-las.

Em sua essência, o uso dos cristais e pedras na tradição celta revela uma visão de mundo profundamente conectada à natureza e aos mistérios do universo. Eles não viam os minerais como meros objetos de valor, mas como instrumentos de transformação e iluminação. Através da observação, do respeito e da interação com essas forças naturais, os celtas buscavam compreender os segredos do cosmos e encontrar equilíbrio em sua jornada terrena. Hoje, podemos nos inspirar nesse conhecimento ancestral e integrar a magia dos cristais em nossa própria vida, seja através da meditação, da contemplação ou do uso consciente dessas preciosas dádivas da terra.

Os cristais e pedras, na visão celta, eram mais do que simples ornamentos ou ferramentas rituais; eles representavam a própria essência da terra, concentrando em si a memória do mundo e os fluxos de energia que permeiam toda a existência. Ao reconhecê-los como aliados espirituais, os celtas nos ensinam que a natureza oferece não apenas beleza, mas também sabedoria e proteção àqueles que sabem escutá-la. Hoje, ao retomarmos esse conhecimento ancestral, podemos redescobrir nos minerais um caminho de conexão com o sagrado, permitindo que suas vibrações nos guiem na busca por equilíbrio, força e harmonia com o universo.

Capítulo 20
Adivinhação Celta

A tradição celta de adivinhação fundamentava-se na crença de que o universo estava em constante comunicação com aqueles que soubessem ouvir suas mensagens. Para esse povo, o tempo não era linear, mas um ciclo onde passado, presente e futuro se entrelaçavam, permitindo que eventos futuros fossem intuídos a partir da observação atenta do mundo natural e espiritual. Os celtas viam a vida como um fluxo contínuo de energias e padrões, onde cada acontecimento estava ligado a forças invisíveis que podiam ser interpretadas pelos sábios e iniciados. Dessa forma, a adivinhação não se tratava de prever um destino imutável, mas de compreender as tendências e possibilidades que moldavam a jornada de cada indivíduo.

Os druidas, respeitados como intermediários entre os homens e os deuses, eram os principais intérpretes desses sinais ocultos. Dotados de vasto conhecimento sobre a natureza e o mundo espiritual, eles se dedicavam ao estudo de símbolos, padrões e manifestações naturais para oferecer orientação e aconselhamento. Por meio da observação do voo dos pássaros, da interpretação dos sonhos e da leitura de elementos como ossos e pedras, eles decifravam os presságios e ajudavam na tomada de decisões importantes. A intuição, aliada ao conhecimento ancestral, permitia que esses sábios percebessem sutilezas que escapavam à maioria das pessoas, transformando a adivinhação em uma arte refinada e profundamente respeitada.

Mais do que um mero instrumento de previsão, a adivinhação celta era um meio de conexão com o sagrado e um reflexo da relação harmoniosa desse povo com a natureza. Cada sinal interpretado carregava consigo não apenas uma resposta, mas também um ensinamento sobre os ciclos da vida e a interdependência entre todas as coisas. O respeito aos presságios e à sabedoria contida neles guiava desde questões pessoais até decisões de líderes e comunidades inteiras. Assim, essa prática milenar se consolidou como um dos pilares da cultura celta, transmitindo, através das gerações, a importância de se manter atento às mensagens do universo e de compreender que o destino, longe de ser fixo, era um caminho moldado pelas escolhas e pela percepção daqueles que sabiam escutar os sinais ao seu redor.

Os druidas, mestres da adivinhação, eram os guardiões dos mistérios ocultos e os intérpretes dos sinais que permeavam o mundo natural e espiritual. Dotados de profundo conhecimento e sensibilidade, eles se dedicavam à observação minuciosa da natureza, dos sonhos e dos presságios, buscando desvendar as mensagens que guiavam o destino dos indivíduos e das comunidades. Para os celtas, a adivinhação não era uma mera curiosidade ou superstição, mas sim um elo sagrado com o universo, um meio de compreender os fluxos e ciclos que regiam a vida. Praticada com reverência, essa arte exigia concentração, intuição aguçada e uma conexão profunda com as forças invisíveis que moldavam a realidade.

Entre as técnicas utilizadas pelos druidas, algumas eram amplamente reconhecidas e transmitidas através das gerações. A leitura de ossos, por exemplo, consistia no uso de pequenos ossos de animais, conchas ou pedras gravadas com símbolos sagrados. Esses elementos eram lançados sobre uma superfície, e os padrões formados eram minuciosamente analisados. Cada peça carregava um significado próprio, e a maneira como caíam revelava mensagens ocultas. A posição, a proximidade entre os ossos e até mesmo a direção para onde apontavam eram levadas em consideração na interpretação. Não era um método simples; exigia anos de prática e um olhar atento para perceber as sutilezas dos sinais apresentados.

A interpretação dos sonhos também era uma prática fundamental dentro da tradição celta. Acreditava-se que, durante o sono, a alma podia vagar entre os mundos e receber mensagens do Outro Mundo — o domínio dos deuses e espíritos ancestrais. Os sonhos eram vistos como revelações, capazes de transmitir conselhos, advertências ou vislumbres do futuro. Os druidas, treinados nessa arte, sabiam reconhecer os símbolos oníricos e decifrá-los com precisão. Sonhos com água, por exemplo, podiam representar emoções profundas ou premonições relacionadas a mudanças e renovações. Já sonhos com animais específicos carregavam significados distintos, dependendo da criatura avistada e de seu comportamento dentro da visão. Para os celtas, cada sonho era um enigma a ser desvendado, um portal para a sabedoria oculta do universo.

Outro método amplamente utilizado era a observação do voo dos pássaros, uma prática conhecida como ornitomancia. Os celtas acreditavam que as aves eram mensageiras dos deuses, e cada espécie possuía um significado simbólico. Um corvo cruzando o céu podia indicar presságios sombrios ou a presença dos deuses da guerra, como Morrigan. Uma águia sobrevoando uma aldeia poderia ser interpretada como um sinal de proteção e liderança forte. Além da espécie, os druidas observavam a direção do voo, a altura em que as aves planavam e até mesmo seus cantos. Esses detalhes eram cruciais para interpretar corretamente os avisos do mundo espiritual.

A adivinhação com o Ogham era outra técnica sagrada entre os celtas. Esse antigo alfabeto, composto por traços que representavam árvores sagradas, era utilizado não apenas para escrita, mas também como um oráculo. Pequenas varinhas de madeira, gravadas com os símbolos do Ogham, eram lançadas ou retiradas de um saco de couro em rituais específicos. Cada letra possuía uma correspondência com um tipo de árvore e carregava significados profundos. Por exemplo, a letra "Duir", associada ao carvalho, representava força, resistência e sabedoria, enquanto "Beith", ligada à bétula, simbolizava renascimento e novos começos. Os druidas utilizavam esse método para orientar reis, guerreiros e aqueles que buscavam respostas para dilemas importantes.

A natureza, por si só, era um vasto livro de sinais e presságios para os celtas. Cada fenômeno natural era analisado com atenção e respeito, pois acreditava-se que os deuses falavam através do vento, da chuva, das fases da lua e do comportamento dos animais. Um súbito redemoinho de folhas podia ser interpretado como a presença de espíritos ou uma mudança iminente. O florescer precoce de determinadas plantas poderia indicar uma estação próspera, enquanto tempestades fora de época eram vistas como advertências dos deuses. A lua, em suas diferentes fases, também exercia grande influência sobre os rituais de adivinhação, sendo a lua cheia especialmente propícia para práticas espirituais e revelações.

A adivinhação celta não se resumia a simples tentativas de prever o futuro, mas sim a uma compreensão mais ampla da vida e de seus mistérios. Integrando conhecimento ancestral, intuição e uma profunda sintonia com o mundo espiritual, essa prática oferecia orientação e sabedoria, ajudando as pessoas a tomarem decisões mais conscientes e alinhadas com os fluxos naturais do universo. Ao observar os sinais da natureza e interpretar seus significados ocultos, os druidas guiavam seus povos com discernimento e reverência, lembrando-os de que o destino não era um caminho fixo e imutável, mas sim um percurso moldado pelas escolhas e percepções daqueles que sabiam escutar as mensagens do cosmos.

Desse modo, a adivinhação celta transcendia a mera busca por respostas e se consolidava como um caminho de conexão com o sagrado, um diálogo contínuo entre o visível e o invisível. Ao interpretar os sinais da natureza e os presságios do mundo espiritual, os druidas não apenas auxiliavam na tomada de decisões, mas também fortaleciam a relação do povo celta com os ciclos da existência. Cada leitura, cada sonho decifrado, cada voo de pássaro observado reafirmava a crença de que a vida era um fluxo de energias em constante transformação, onde o verdadeiro poder não estava em conhecer o futuro, mas em compreender as forças que o moldavam.

Capítulo 21
Alfabeto Sagrado

O Ogham é muito mais do que um alfabeto antigo; é um sistema de conhecimento profundamente enraizado na conexão dos celtas com a natureza e o sagrado. Cada um de seus traços representa mais do que uma simples letra—traz consigo a essência das árvores, dos ciclos da vida e dos mistérios do universo. Para os celtas, a linguagem não era apenas um meio de comunicação, mas um reflexo da ordem natural e espiritual do mundo. O Ogham, com sua estrutura simbólica e sua vinculação com as árvores sagradas, era um elo entre os homens, a terra e os deuses, servindo tanto como uma ferramenta de escrita quanto como um meio de adivinhação e magia.

A relação entre as árvores e o Ogham revela a importância do mundo natural na cosmologia celta. Cada feda, ou letra, estava associada a uma árvore específica, e cada árvore possuía atributos simbólicos que guiavam rituais, crenças e práticas espirituais. O conhecimento do Ogham não se limitava à leitura e escrita; ele exigia um entendimento mais profundo da natureza e dos seus ciclos. O bétula, por exemplo, ligado à primeira letra Beith, simbolizava renovação e novos começos, enquanto o carvalho, correspondente a Duir, representava força e sabedoria ancestral. Dessa forma, os celtas viam o Ogham como um mapa de saberes e um meio de interpretar as energias que regiam a vida e o destino.

Além de sua importância linguística e simbólica, o Ogham era uma ferramenta essencial para a magia e a adivinhação. Os druidas utilizavam varinhas inscritas com seus caracteres para realizar consultas oraculares, buscando respostas nas combinações de letras que surgiam ao serem lançadas ou escolhidas. Cada inscrição era carregada de significados, funcionando como uma ponte entre o mundo visível e o invisível. Essa prática reforçava a crença celta na interconexão entre os planos físico e espiritual, permitindo que os iniciados interpretassem presságios e recebessem orientações do além. Dessa maneira, o Ogham transcendeu sua função como um simples alfabeto, tornando-se um código sagrado que refletia a visão de mundo dos celtas e sua busca por harmonia com a natureza e os mistérios do universo.

A origem do Ogham se perde nas brumas do tempo, envolta em mitos e lendas que atravessam gerações. Alguns estudiosos sugerem que ele pode ter evoluído a partir de influências de alfabetos rúnicos, possivelmente introduzidos por povos germânicos que migraram para as Ilhas Britânicas. Outros, no entanto, defendem que o Ogham tenha surgido de maneira independente, concebido como um sistema de escrita sagrada pelos próprios druidas. Independentemente de sua real origem, o fato é que esse alfabeto se consolidou como uma ferramenta essencial para os celtas, indo muito além da simples comunicação e assumindo um papel fundamental nos aspectos espirituais, mágicos e divinatórios da cultura celta.

Originalmente, o Ogham era utilizado para registrar nomes, mensagens curtas e inscrições em pedras e monumentos. Vestígios desse uso podem ser encontrados até hoje em pedras ogâmicas espalhadas pela Irlanda e pela Grã-Bretanha, onde traços verticais e diagonais eram gravados nas bordas das pedras para formar palavras. No entanto, essa escrita não se limitava a marcar territórios ou registrar acontecimentos. Sua importância transcendia a funcionalidade prática, sendo uma ponte entre o mundo material e o espiritual. Era uma linguagem sagrada, um código que permitia a conexão com forças invisíveis, um meio pelo qual os celtas acessavam conhecimentos ocultos e interpretavam os mistérios do universo.

Cada feda, ou letra do Ogham, estava intrinsecamente ligada a uma árvore específica, e cada árvore carregava consigo um conjunto de significados simbólicos profundos. Essa associação com a natureza fazia com que o Ogham não fosse apenas um alfabeto, mas um verdadeiro sistema de saberes, refletindo a percepção celta de que a floresta era um organismo vivo, dotado de consciência e sabedoria. A primeira letra, Beith, correspondia ao bétula, uma árvore ligada à purificação e aos recomeços. A segunda, Luis, representava a sorveira-brava, uma árvore associada à proteção e à superação de desafios. Assim, cada símbolo do Ogham não era apenas uma unidade linguística, mas também um emblema de forças naturais que podiam ser invocadas e utilizadas em rituais, feitiços e práticas espirituais.

Os druidas, considerados os guardiões desse conhecimento, utilizavam o Ogham de diversas maneiras, sendo uma das mais comuns a confecção de varinhas mágicas. Feitas com a madeira correspondente a cada letra, essas varinhas eram gravadas com inscrições ogâmicas e empregadas em rituais de invocação, proteção e adivinhação. A madeira do freixo, por exemplo, era frequentemente escolhida para a confecção dessas varinhas, pois essa árvore era vista como um elo entre os mundos terrestre e espiritual. Cada inscrição carregava um propósito específico, e ao gravá-las na madeira, os druidas acreditavam estar canalizando as energias da árvore correspondente, potencializando os efeitos desejados.

Além disso, o Ogham era amplamente utilizado como oráculo. O método de adivinhação mais comum envolvia o uso de pequenas varas de madeira, cada uma contendo um símbolo do alfabeto. Os druidas lançavam essas varas sobre um tecido ou uma superfície plana, observando a posição em que caíam e interpretando as letras voltadas para cima. Essa leitura permitia acessar mensagens e presságios, fornecendo orientações para quem buscava respostas sobre o futuro ou esclarecimentos sobre decisões importantes. Cada letra possuía um significado próprio, e a combinação das letras revelava nuances e desdobramentos sobre a questão analisada. Esse sistema divinatório era amplamente respeitado, pois se baseava na crença de que a natureza comunicava sua sabedoria de maneiras sutis, bastando saber interpretar seus sinais.

O Ogham também era empregado na criação de amuletos e talismãs de proteção. Pequenos pedaços de madeira ou pedras eram gravados com letras específicas para atrair determinadas energias. Por exemplo, alguém que buscava coragem e resistência poderia carregar um talismã com a inscrição Duir, correspondente ao carvalho, uma árvore símbolo de força e sabedoria. Já para aqueles que precisavam de proteção espiritual, a inscrição Luis, da sorveira-brava, era uma escolha comum, pois acreditava-se que essa árvore afastava influências negativas e espíritos malignos.

Mas o Ogham não era apenas uma ferramenta mágica ou adivinhatória; ele era, sobretudo, um reflexo da visão de mundo dos celtas. A conexão profunda entre as letras e as árvores revelava um entendimento cíclico da vida, no qual cada feda representava não apenas um conceito abstrato, mas um estágio do ciclo natural e humano. Assim como as árvores passavam por diferentes fases ao longo das estações, os indivíduos também viviam períodos de crescimento, transformação, declínio e renovação. O Ogham, portanto, servia como um mapa simbólico para guiar os celtas em sua jornada espiritual, ajudando-os a compreender melhor seu papel no universo e a buscar equilíbrio com as forças da natureza.

Essa compreensão da vida como um ciclo contínuo fez do Ogham um instrumento de sabedoria e autoconhecimento. Para os celtas, estudar esse alfabeto não era apenas aprender um conjunto de símbolos e fonemas, mas mergulhar em uma filosofia de vida que valorizava a harmonia com a natureza e o respeito pelos seus ritmos. Mesmo nos dias atuais, o Ogham continua a inspirar aqueles que buscam um vínculo mais profundo com o mundo natural. Seus princípios podem ser aplicados como uma ferramenta de meditação, de reflexão e de reconexão com a essência primordial da vida. Através da contemplação das árvores e do entendimento de seus significados simbólicos, podemos acessar essa antiga sabedoria celta e utilizá-la para enriquecer nossa própria jornada, buscando equilíbrio, proteção e renovação espiritual.

    O legado do Ogham permanece vivo como um testemunho da profunda relação dos celtas com a natureza e o sagrado. Mais do que um alfabeto, ele representa um caminho de conhecimento e introspecção, uma ponte entre o visível e o invisível, entre o homem e os mistérios do universo. Seus símbolos ecoam a sabedoria ancestral daqueles que viam nas árvores não apenas seres vivos, mas guardiãs de segredos e orientadoras da jornada humana. Ainda hoje, quem se propõe a estudar o Ogham se abre para uma compreensão mais intuitiva da vida, permitindo que suas letras continuem a sussurrar ensinamentos antigos àqueles que sabem escutar.

Capítulo 22
Rituais e Cerimônias

Os rituais celtas eram celebrações sagradas que marcavam a relação profunda entre os humanos, a natureza e o divino. Mais do que simples cerimônias, esses ritos representavam momentos de alinhamento espiritual, honrando os ciclos da vida, as forças da natureza e a presença dos ancestrais. Cada ritual era um portal para a comunhão com o sagrado, estabelecendo um equilíbrio entre o mundo físico e o espiritual. Os celtas acreditavam que tudo na existência estava interligado—o nascer e o pôr do sol, as fases da lua, as estações do ano, o crescimento das colheitas e até mesmo os caminhos individuais dos seres vivos. Dessa forma, cada cerimônia carregava um propósito maior: fortalecer laços espirituais, trazer proteção e garantir a harmonia entre os reinos visível e invisível.

As práticas rituais eram variadas e abrangiam todas as esferas da vida celta. Existiam cerimônias sazonais, alinhadas com os festivais do calendário sagrado, como Beltane, Samhain, Imbolc e Lughnasadh, que marcavam transições fundamentais no ano agrícola e espiritual. Havia também ritos de passagem, que assinalavam momentos importantes na vida de um indivíduo, como nascimentos, iniciações, casamentos e funerais. Além disso, rituais de cura, proteção e prosperidade eram frequentemente realizados, reforçando a crença de que a energia do universo podia ser canalizada para o bem-estar pessoal e comunitário. O ambiente em que essas cerimônias ocorriam era escolhido com cuidado—florestas ancestrais, margens de rios, colinas sagradas e círculos de pedras eram considerados locais ideais para estabelecer essa conexão com o divino.

Os druidas, detentores do conhecimento espiritual e natural, desempenhavam o papel de guias nesses rituais, conduzindo invocações, oferendas e encantamentos. A participação da comunidade era essencial, pois cada pessoa contribuía com sua energia e devoção. Elementos como fogo, água, ervas, cristais e símbolos sagrados eram incorporados às cerimônias para amplificar a intenção do ritual. O encerramento era sempre marcado por gestos de gratidão aos deuses e ancestrais, reafirmando o respeito dos celtas pelo equilíbrio cósmico. Esse legado de conexão e reverência à natureza permanece vivo, inspirando aqueles que buscam resgatar práticas ancestrais e adaptar rituais antigos à vida moderna, fortalecendo a espiritualidade e o autoconhecimento por meio da sabedoria celta.

Os rituais celtas eram realizados em diversos contextos e com propósitos variados, cada um carregando consigo uma estrutura única e significados profundos, mas compartilhando elementos essenciais que garantiam sua eficácia e sacralidade. Entre os mais comuns estavam os rituais sazonais, celebrados durante os festivais do calendário celta, como Beltane, Samhain,

Imbolc e Lughnasadh, que marcavam momentos cruciais do ciclo agrícola e espiritual. Além desses, os ritos de passagem assinalavam eventos significativos na jornada individual, como nascimentos, iniciações, casamentos e funerais. Também eram realizados rituais específicos para cura, proteção, prosperidade e adivinhação, todos fundamentados na crença de que era possível canalizar as energias universais para promover o bem-estar pessoal e coletivo.

A preparação para o ritual era considerada essencial, pois não apenas criava um ambiente propício à manifestação do sagrado, mas também auxiliava os participantes a entrarem no estado de consciência adequado para estabelecer uma conexão genuína com o divino. O local do ritual era escolhido com grande cuidado, sempre levando em conta sua relação com os elementos naturais e as forças espirituais ali presentes. Muitos rituais ocorriam em clareiras de florestas ancestrais, à margem de rios sagrados, em colinas ou dentro de círculos de pedras, espaços carregados de energia e história. No entanto, rituais também podiam ser realizados no próprio lar, desde que o ambiente fosse devidamente preparado para receber o sagrado.

O primeiro passo na preparação do espaço era sua purificação. Esse processo variava de acordo com a tradição local e a finalidade do ritual, mas geralmente envolvia o uso de ervas queimadas, como sálvia, artemísia ou junípero, cujas propriedades purificadoras ajudavam a afastar influências negativas e a equilibrar as energias do ambiente. Além da defumação, a dispersão de água consagrada ao redor do espaço e o uso de símbolos sagrados desenhados no chão, como o trisquel ou a espiral celta, eram formas comuns de delimitar e proteger o local.

No centro do espaço sagrado, um altar era montado para servir de ponto focal da cerimônia. Esse altar continha elementos simbólicos cuidadosamente escolhidos para reforçar a intenção do ritual. Velas eram acesas para representar o fogo sagrado e iluminar o caminho espiritual. Incensos eram queimados para elevar as preces e intenções aos deuses e ancestrais. Flores e cristais eram dispostos para harmonizar a energia do ambiente, enquanto oferendas eram preparadas como demonstração de respeito e gratidão ao mundo espiritual. Esses elementos variavam conforme o propósito do ritual, mas sua presença era essencial para criar um elo entre o físico e o etéreo.

A invocação era um dos momentos mais importantes do ritual, pois era quando os participantes chamavam as forças divinas e os ancestrais para participarem da cerimônia. Essa etapa podia ser realizada por meio de cânticos, danças, poemas e encantamentos, todos projetados para intensificar a conexão com os espíritos e abrir um canal de comunicação com o mundo invisível. Os druidas, como guias espirituais, conduziam essa parte do ritual, entoando palavras sagradas e orientando os participantes a concentrarem sua energia e intenção. Cada movimento, cada palavra dita ou cantada, possuía um significado profundo, servindo como um meio para alcançar a sintonia desejada com o universo.

As oferendas eram outro aspecto fundamental do ritual, representando não apenas um gesto de gratidão, mas também um ato de reciprocidade entre o mundo humano e o mundo espiritual. Os celtas acreditavam que, ao oferecer algo de valor, fortaleciam sua conexão com os deuses e garantiam suas bênçãos. Os itens oferecidos variavam conforme o tipo de ritual, podendo incluir alimentos, como pão e mel; bebidas, como hidromel e leite; ervas e flores colhidas em momentos propícios; cristais energizados; e até mesmo objetos de valor pessoal. Em alguns casos, os participantes dedicavam seu próprio tempo e energia como forma de oferenda, realizando atos de devoção e comprometendo-se a seguir um caminho espiritual alinhado com as forças invocadas.

Ao longo da cerimônia, a energia gerada pelo grupo se intensificava, criando um ambiente carregado de vibração e poder espiritual. Dependendo do propósito do ritual, práticas específicas podiam ser incorporadas, como a leitura de presságios através da observação das chamas das velas, do voo dos pássaros ou da disposição das folhas caídas ao vento. Em rituais de cura, ervas medicinais eram consagradas e aplicadas sobre os enfermos, enquanto palavras de poder eram pronunciadas para restaurar o equilíbrio físico e espiritual. Nos rituais de proteção, círculos mágicos eram traçados e amuletos eram abençoados para resguardar os participantes contra influências nocivas.

O encerramento do ritual era um momento de gratidão e despedida das forças espirituais invocadas. Os participantes agradeciam aos deuses e ancestrais pela presença e pelas bênçãos recebidas, reconhecendo a importância da troca energética que havia ocorrido. As velas eram apagadas com respeito, simbolizando o retorno ao mundo cotidiano, e o altar era desmontado com a devida reverência. O local do ritual era deixado em ordem, como forma de respeito à natureza e aos espíritos do lugar, garantindo que a harmonia fosse mantida mesmo após o término da cerimônia.

Os rituais e cerimônias celtas eram, acima de tudo, expressões vivas da espiritualidade desse povo, refletindo sua visão de mundo, sua relação com a natureza e sua busca pelo sagrado. Eles eram momentos de profunda conexão com as forças que regiam a vida, celebrações da existência e oportunidades de transformação pessoal. Ao compreender essas práticas ancestrais, podemos nos inspirar nelas e adaptá-las à nossa realidade, criando nossos próprios rituais para fortalecer nossa espiritualidade e cultivar um maior senso de harmonia e equilíbrio em nossa jornada.

Ao longo dos séculos, os rituais celtas permaneceram como testemunhos da profunda sabedoria desse povo, ecoando uma conexão sagrada com o universo e seus ciclos naturais. Mais do que simples tradições, essas cerimônias eram expressões vivas da crença de que a existência era um fluxo contínuo de energias, onde cada gesto ritualístico fortalecia os laços entre os mundos visível e invisível. Ainda hoje, ao resgatar e adaptar esses antigos ensinamentos, é possível reencontrar um caminho de espiritualidade autêntica, onde a harmonia com a natureza e o respeito pelas forças ancestrais continuam a guiar aqueles que buscam sentido e equilíbrio em suas jornadas.

Capítulo 23
Criando um Altar Celta

Montar um altar celta é um ato de profunda conexão com a espiritualidade, um espaço sagrado que reflete a relação entre o indivíduo, a natureza e os mistérios do universo. Mais do que um simples arranjo de objetos, um altar é uma manifestação física das intenções, crenças e devoção daquele que o cria. No mundo celta, a sacralidade era percebida em todos os aspectos da existência, e a criação de um altar representava uma extensão desse princípio, permitindo um ponto focal para rituais, meditações e oferendas aos deuses e ancestrais. A escolha cuidadosa de cada elemento inserido no altar não apenas fortalece a conexão espiritual, mas também canaliza energias que harmonizam e protegem o ambiente ao redor.

Diferente de outras tradições espirituais com regras estritas sobre a disposição dos elementos sagrados, o altar celta é altamente pessoal e adaptável, refletindo a jornada espiritual de quem o constrói. Ainda assim, certos princípios podem ser seguidos para potencializar sua força e significado. A localização do altar deve ser escolhida com intuição e respeito, privilegiando um ambiente tranquilo onde a energia flua livremente. Pode estar dentro de casa, ocupando uma prateleira especial, um canto do quarto ou da sala, ou pode ser montado ao ar livre, em jardins, varandas ou em meio à natureza, reforçando a ligação ancestral dos celtas com os elementos naturais. Uma vez determinado o local, os objetos sagrados podem ser dispostos de forma a representar o equilíbrio das forças cósmicas, com símbolos que remetam aos quatro elementos – terra, ar, fogo e água – e às divindades ou energias que se deseja invocar.

Mais do que uma simples estrutura estática, o altar celta deve ser um espaço vivo, constantemente renovado e utilizado. Velas acesas, incensos queimando e a troca regular de oferendas mantêm a energia ativa e a conexão sempre presente. Elementos como pedras, símbolos celtas, imagens de divindades e objetos pessoais carregados de significado podem ser incorporados, tornando o altar uma representação única da espiritualidade de seu criador. Esse espaço não é apenas um local para rituais ou orações, mas um refúgio onde é possível se reconectar com o sagrado em qualquer momento do dia. Assim, construir e cuidar de um altar celta não é apenas um gesto de devoção, mas um compromisso contínuo com a harmonia entre o mundo físico e o espiritual, trazendo a essência da tradição celta para o cotidiano de maneira profunda e significativa.

Montar um altar celta é um ato de profunda conexão com a espiritualidade, um reflexo do vínculo entre o indivíduo e a natureza, um espaço sagrado onde se manifestam intenções, devoções e energias. Ao contrário de tradições espirituais mais rígidas, em que a disposição dos elementos sagrados segue regras específicas, o altar celta é uma expressão pessoal, adaptável aos gostos, crenças e circunstâncias de quem o constrói. No entanto, para que esse altar se torne um ponto de poder e harmonia, alguns elementos essenciais podem ser incorporados, garantindo que ele ressoe com a essência da tradição celta.

O primeiro passo para criar um altar celta é escolher um local adequado, um espaço que favoreça a conexão espiritual e a tranquilidade. Esse lugar pode estar dentro de casa, como um canto reservado do quarto, uma prateleira especial na sala ou até mesmo um espaço no escritório. Se houver a possibilidade, um altar ao ar livre pode intensificar ainda mais essa ligação com os elementos naturais, podendo ser montado no jardim, na varanda ou sob a copa de uma árvore. O mais importante é que o local seja significativo para quem o utiliza, proporcionando um ambiente de serenidade e introspecção.

Com o espaço escolhido, inicia-se a montagem do altar, e um dos primeiros elementos a considerar é a base sobre a qual os objetos sagrados serão dispostos. Um pano especial pode ser utilizado para cobrir a superfície, criando uma fundação simbólica para os demais elementos. Esse tecido pode ser verde, evocando a fertilidade e a vitalidade da terra; azul, remetendo às águas sagradas e ao mundo espiritual; marrom, representando a conexão com as raízes ancestrais; ou mesmo conter padrões e símbolos celtas, como espirais, nós entrelaçados e padrões geométricos que refletem os ciclos da vida.

Para harmonizar o altar com as forças da natureza, é essencial incluir representações dos quatro elementos. A terra pode ser simbolizada por cristais, pedras naturais ou pequenos vasos de plantas, trazendo a estabilidade e a energia do solo fértil. O ar pode ser representado por uma pena, um incenso que espalha sua fragrância pelo ambiente ou mesmo um sino dos ventos, cuja melodia sutil invoca a presença do elemento. O fogo, por sua vez, pode estar presente na forma de velas, cuja chama simboliza a transformação e a luz espiritual, ou ainda através de símbolos solares, como discos dourados ou imagens do sol. Já a água pode ser representada por uma concha, um cálice com água pura ou até mesmo um pequeno recipiente contendo água de rio, mar ou chuva, evocando a fluidez e a intuição.

Além desses elementos naturais, os símbolos celtas desempenham um papel fundamental na composição do altar. O nó celta, com seus entrelaçamentos contínuos, representa a interconexão da vida e a eternidade. O trisquel, com suas três espirais, simboliza os ciclos da existência, como nascimento, vida e morte, ou corpo, mente e espírito. A cruz celta, marcada pelo círculo que une seus braços, reflete a fusão entre o sagrado e o terreno, e o espiral simples remete à jornada individual de crescimento espiritual. Esses símbolos podem ser incorporados ao altar na forma de talismãs, esculturas, gravuras ou até mesmo desenhados diretamente sobre o tecido que cobre a base.

Se houver uma conexão particular com alguma divindade celta, é interessante incluir uma representação dessa presença sagrada. Pode ser uma estatueta, uma ilustração ou mesmo um objeto que remeta à deidade escolhida. Cada deus e deusa celta possui atributos específicos: Brigid, por exemplo, é associada à inspiração, à cura e à forja; Cernunnos, ao mundo natural e à fertilidade; Dagda, à abundância e ao conhecimento ancestral. Ao trazer essas imagens para o altar, cria-se um ponto focal de veneração e fortalecimento da conexão com as energias divinas.

Outro aspecto essencial do altar celta é a prática das oferendas. Esse gesto representa gratidão, reverência e reciprocidade com o mundo espiritual. Pequenos presentes podem ser dispostos sobre o altar como uma forma de honrar os deuses e os ancestrais: flores frescas, que simbolizam a renovação; frutas, que evocam a prosperidade; grãos e sementes, representando a fertilidade e a continuidade; incensos e velas, que elevam as preces e intenções ao universo. Esses itens devem ser renovados periodicamente, demonstrando respeito e comprometimento com a manutenção da energia sagrada.

Embora existam esses elementos tradicionais, a personalização do altar é incentivada, tornando-o uma expressão autêntica da jornada espiritual de quem o constrói. Fotografias de entes queridos podem ser incluídas, fortalecendo o vínculo com os ancestrais. Objetos pessoais que tenham significado especial, como pedras encontradas em caminhadas, conchas trazidas de viagens ou artefatos de família, podem agregar camadas de memória e energia ao espaço. Livros que inspiram a prática espiritual, cristais específicos para proteção e harmonia ou pequenos artefatos mágicos também podem ser incorporados, desde que ressoem com o propósito do altar.

A manutenção do altar é uma parte fundamental desse processo. Mantê-lo limpo e organizado assegura que a energia ali concentrada permaneça fluida e vibrante. Os objetos podem ser regularmente limpos com um pano úmido ou defumados com ervas, como sálvia ou alecrim, para purificação. As oferendas devem ser renovadas, e a troca de elementos pode ocorrer conforme as estações do ano, refletindo o ciclo natural e ajustando o altar à energia predominante de cada período. Além disso, acender velas e incensos regularmente ajuda a manter o espaço ativo e carregado de boas vibrações.

Mais do que um mero arranjo decorativo, um altar celta é um ponto de encontro entre o visível e o invisível, um espaço onde se pode meditar, realizar preces, refletir e se reconectar com o sagrado. Seja como um local de rituais formais ou simplesmente como um refúgio para momentos de introspecção, ele se torna uma representação física da espiritualidade celta na vida cotidiana. Criar e cuidar desse altar é um gesto de respeito às tradições ancestrais, um compromisso com a harmonia entre o mundo material e espiritual, e uma forma de trazer a magia da cultura celta para dentro da própria vida.

O altar celta se torna mais do que um espaço físico — é um reflexo da jornada espiritual de quem o constrói, um elo entre passado e presente, entre o sagrado e o cotidiano. Ao alimentá-lo com intenções, oferendas e momentos de contemplação, ele se mantém vivo, vibrante e alinhado com as energias do universo. Seja para honrar os deuses, fortalecer a conexão com a natureza ou simplesmente encontrar um refúgio de paz, esse altar é um convite para vivenciar a espiritualidade celta de forma autêntica e transformadora, trazendo para o dia a dia a sabedoria e a magia dos antigos.

Capítulo 24
Celebrando os Festivais

Os festivais celtas eram celebrações sagradas que marcavam a passagem do tempo e refletiam a profunda conexão desse povo com os ciclos naturais. Cada festividade era um momento de renovação e transformação, em que se honrava a terra, os deuses e os ancestrais, reconhecendo a interdependência entre todas as formas de vida. Essas celebrações não apenas acompanhavam o ritmo das estações, mas também simbolizavam os ciclos da existência humana—nascimento, crescimento, maturidade e renovação. Por meio de rituais, oferendas, banquetes e danças, os celtas fortaleciam sua ligação com o mundo espiritual, buscando orientação, proteção e bênçãos para o futuro.

O calendário sagrado celta era composto por oito festivais principais, divididos entre os festivais solares e os festivais de fogo. Os festivais solares—os solstícios e equinócios—celebravam as mudanças na luz e na escuridão ao longo do ano, simbolizando o equilíbrio entre forças opostas. Já os festivais de fogo—Imbolc, Beltane, Lughnasadh e Samhain—marcavam momentos-chave no ciclo agrícola e espiritual, sendo ocasiões para plantar intenções, fortalecer laços comunitários e prestar homenagem aos deuses e espíritos da natureza. Cada festividade possuía suas próprias práticas e significados, mas todas compartilhavam o princípio de respeito pelos ciclos da vida e a compreensão de que o tempo não era linear, mas cíclico, repetindo-se em padrões que guiavam a existência.

A celebração desses festivais não exigia uma estrutura fixa, mas sim a abertura para sentir e honrar a energia de cada momento. Os rituais podiam ser realizados individualmente ou em grupo, com oferendas simbólicas, danças ao redor de fogueiras, meditações e cânticos sagrados. A gratidão pela abundância recebida e a reflexão sobre as transformações internas eram elementos essenciais dessas celebrações. Hoje, resgatar esses festivais significa mais do que apenas seguir tradições antigas; é um ato de reconexão com a natureza e seus ciclos, permitindo que cada pessoa encontre seu próprio ritmo e caminhe com mais consciência e equilíbrio pela jornada da vida.

Celebrar os festivais celtas não exige a adesão a dogmas ou regras rígidas, mas sim uma vivência autêntica e significativa, moldada pelas crenças, preferências e possibilidades de cada pessoa. O essencial é estar aberto para sentir a energia de cada celebração, honrar os ciclos naturais e reconhecer a sacralidade da vida em todas as suas fases. Essa conexão não precisa seguir um formato estrito, pois sua verdadeira essência está na intenção e na sintonia com os ritmos do universo.

Para se preparar adequadamente para essas celebrações, é importante começar compreendendo o significado de cada festival. Isso envolve explorar sua origem, as divindades associadas, os símbolos e as práticas tradicionais. O conhecimento sobre cada festividade permite não apenas uma experiência mais autêntica, mas também uma conexão mais profunda com a energia que ela carrega. Ler sobre mitos, histórias e rituais associados pode enriquecer a compreensão e despertar um senso de pertencimento a essa tradição ancestral.

Criar um espaço adequado para a celebração é outro passo importante. Esse espaço pode ser um altar dentro de casa, um jardim ou um local na natureza, e deve ser purificado e decorado de acordo com a simbologia do festival. Elementos como velas, cristais, flores e frutas podem ser utilizados para representar a estação e os aspectos espirituais da festividade. Se possível, escolher um local ao ar livre, onde seja possível sentir o vento, ouvir os sons da terra e observar o céu, pode amplificar a conexão com as energias naturais.

A preparação para os festivais também envolve uma conexão direta com a natureza. Caminhar por bosques, campos ou praias, sentir o solo sob os pés, perceber as mudanças sutis da estação e observar os ciclos de vida ao redor são maneiras de alinhar-se com os ritmos naturais. Esse contato permite uma maior percepção da interdependência entre todas as formas de vida e reforça a ideia central dos festivais celtas: a harmonia com o fluxo da existência.

Purificar o corpo e a mente antes da celebração também é um aspecto essencial. Um banho com ervas como lavanda, alecrim ou sálvia pode ajudar a limpar as energias e criar um estado de receptividade. Práticas como meditação, respiração consciente ou mesmo uma sessão de alongamento podem auxiliar na conexão com o próprio interior, preparando-se para absorver as energias do momento de maneira mais profunda e significativa.

No momento da celebração, criar um ritual personalizado pode ser uma forma poderosa de se conectar com a energia do festival. Esse ritual pode incluir a acendimento de velas, a queima de ervas em oferenda aos deuses e ancestrais, a recitação de orações ou cânticos, a meditação sobre os significados da festividade e até mesmo a prática de danças sagradas ao redor de uma fogueira. O importante é que cada gesto realizado carregue intenção e reverência.

Compartilhar essa experiência com outras pessoas pode torná-la ainda mais especial. Se possível, reunir amigos e familiares que compartilhem dessa conexão pode fortalecer os laços e tornar a celebração mais vibrante. Preparar um banquete com alimentos típicos da estação, contar histórias, cantar ou realizar rituais coletivos são formas de honrar a energia da festividade de maneira comunitária.

A gratidão é um elemento fundamental em qualquer celebração celta. Agradecer pela abundância da terra, pelas bênçãos recebidas e pelas experiências vividas ao longo do ciclo anterior fortalece a conexão com o universo e abre caminho para a continuidade do fluxo de prosperidade. Expressar essa gratidão pode ser feito de diversas formas: por meio de palavras, oferendas, gestos simbólicos ou mesmo pelo simples ato de contemplação.

Cada festival marca uma transição dentro do grande ciclo da vida, e refletir sobre esse movimento é uma parte essencial da celebração. Observar os aprendizados adquiridos, identificar padrões que precisam ser transformados e definir intenções para o próximo ciclo permite que cada festividade também seja um momento de crescimento e renovação pessoal.

A adaptação dos festivais à realidade de cada pessoa é uma prática legítima e necessária. Nem sempre será possível seguir tradições exatamente como eram realizadas na antiguidade, mas isso não diminui a profundidade da experiência. A criatividade pode ser usada para criar rituais próprios, adaptar elementos simbólicos ao ambiente em que se vive e incorporar práticas que tenham significado pessoal.

Honrar a própria ancestralidade é outro aspecto que pode enriquecer a celebração. Para aqueles que têm raízes em diferentes culturas, é possível integrar elementos dessas tradições aos festivais celtas, criando uma fusão respeitosa e autêntica. Afinal, o espírito dessas festividades está na conexão com os ciclos naturais, algo que transcende qualquer tradição específica e pode ser vivido de diversas maneiras.

Acima de tudo, celebrar os festivais celtas é celebrar a vida. É um convite para reconhecer a magia que permeia o cotidiano, para viver com mais consciência e gratidão e para fortalecer a conexão com a terra, com os ancestrais e com o próprio ser. Independentemente da forma como se escolhe celebrar, o mais importante é manter viva a chama do respeito pelos ciclos da natureza e permitir que essa conexão ilumine o caminho ao longo da jornada da vida.

    Dessa forma, os festivais celtas não são apenas eventos sazonais, mas oportunidades para alinhar-se com os ritmos do universo e celebrar a interconexão entre todas as coisas. Ao trazer esses antigos rituais para o presente, seja de forma individual ou coletiva, reafirmamos nossa ligação com a terra, com os ancestrais e com a própria essência da existência. Cada celebração é um lembrete de que fazemos parte de um ciclo maior, onde renovação e transformação caminham lado a lado, convidando-nos a viver com mais presença, gratidão e respeito pelos mistérios da vida.

Capítulo 25
Meditação e Conexão

A meditação celta é uma jornada profunda de autoconhecimento e conexão com o sagrado, enraizada na harmonia entre o ser humano e a natureza. Diferente de uma simples prática de relaxamento, trata-se de um caminho espiritual que resgata a sabedoria ancestral e fortalece os laços com os ciclos naturais da vida. Em sua essência, não é apenas um exercício para acalmar a mente, mas uma experiência sensorial e mística que desperta a consciência para a interligação de todas as coisas. Para os celtas, tudo na natureza era dotado de vida e espiritualidade—desde o vento que soprava pelos bosques até as águas que corriam pelos riachos. Assim, a meditação não era vista como um afastamento do mundo externo, mas sim como um meio de imergir profundamente nele, absorvendo sua energia e mensagens sutis. O praticante aprendia a escutar a voz do vento, sentir a pulsação da terra sob seus pés e reconhecer o fluxo da vida que permeia cada folha, cada gota de chuva, cada estrela no céu noturno. Dessa forma, a meditação tornava-se uma ponte entre os domínios visíveis e invisíveis, permitindo que aqueles que a praticavam sintonizassem com a sabedoria dos antepassados e a presença dos deuses.

Ao longo dos séculos, essa prática foi transmitida de geração em geração, preservando técnicas que envolvem visualizações, entoação de cânticos e contemplação da natureza. Diferente das tradições meditativas orientais, que muitas vezes buscam o esvaziamento da mente, a abordagem celta valoriza a experiência ativa da imaginação e da conexão energética. O silêncio interior não é um objetivo por si só, mas um estado que permite perceber a comunicação sutil entre o mundo físico e espiritual. Por meio dessa prática, os celtas encontravam orientação para suas jornadas, fortaleciam sua intuição e desenvolviam um senso de pertencimento ao grande fluxo da existência. Acreditava-se que, ao meditar, era possível acessar não apenas a própria essência interior, mas também as energias da terra, dos rios, das árvores e dos astros. Assim, cada prática meditativa era moldada pelo ambiente ao redor, tornando-se única e profundamente pessoal. A floresta, por exemplo, oferecia um espaço de introspecção e escuta, enquanto a beira de um rio facilitava a fluidez emocional e a renovação das energias. Dessa maneira, o ato de meditar se tornava um ritual sagrado de conexão e fortalecimento espiritual.

Ao incorporar essa prática ao cotidiano, o indivíduo não apenas se beneficiava da serenidade e clareza mental que a meditação proporcionava, mas também expandia sua percepção sobre a própria existência. O mundo deixava de ser visto apenas com os olhos físicos e passava a ser compreendido também através dos sentidos espirituais. Cada momento meditativo se transformava em uma oportunidade de aprendizado e alinhamento com as forças que regem o universo. A regularidade dessa prática não apenas aprimorava a intuição e a criatividade, mas também despertava um profundo respeito pela natureza e pelo equilíbrio que ela oferece. A meditação celta, portanto, não era apenas um momento isolado de interiorização, mas um estilo de vida que ensinava a caminhar de maneira consciente e harmoniosa pelo mundo. Ao abrir o coração e a mente para essa conexão, o praticante não apenas encontrava paz interior, mas também se tornava um elo vivo na grande teia da existência, compreendendo que cada ser, cada elemento da natureza, e cada ciclo da vida fazem parte de um todo interligado e sagrado.

A meditação celta se destaca entre as práticas espirituais por sua ênfase na profunda conexão com a natureza e com o mundo invisível que a permeia. Diferente das tradições meditativas orientais, que muitas vezes buscam o esvaziamento da mente para alcançar estados de contemplação, a abordagem celta valoriza a experiência ativa dos sentidos, convidando o praticante a preencher a mente com imagens, sons e sensações. É um mergulho na energia dos deuses, na sabedoria dos ancestrais e na força vital que percorre tudo o que existe. Trata-se de uma meditação dinâmica, que não se limita à interiorização, mas busca integrar corpo, mente e espírito em perfeita sintonia com os elementos da natureza.

Existem várias técnicas que podem ser aplicadas dentro da meditação celta, cada uma proporcionando um tipo específico de conexão espiritual. Uma das mais fundamentais é a meditação na natureza, que consiste em encontrar um local tranquilo e inspirador ao ar livre—um bosque sereno, um jardim florido, a margem de um rio ou até mesmo o topo de uma montanha. Ao se acomodar confortavelmente nesse ambiente, o praticante fecha os olhos e direciona sua atenção para a respiração, permitindo que ela se torne lenta e profunda. A partir desse ponto, a mente se abre para a percepção sensorial plena: os sons sutis do vento sussurrando entre as folhas, o canto distante dos pássaros, o ritmo suave das águas correndo sobre as pedras. O corpo se sintoniza com o calor do sol aquecendo a pele, com a textura da terra sob os pés, com a frescura do ar preenchendo os pulmões. Nessa imersão, o praticante permite que a energia do ambiente o envolva, nutrindo sua essência e trazendo equilíbrio e cura.

Outra prática poderosa é a meditação com visualização, que transporta a consciência para um espaço sagrado dentro do imaginário celta. O praticante, ao fechar os olhos, evoca a imagem de um círculo de pedras ancestrais, de um bosque de carvalhos centenários ou de uma fonte cristalina cujas águas irradiam pureza e vitalidade. Ele se concentra nos detalhes desse ambiente espiritual: as cores vibrantes das folhas, o brilho suave da lua filtrado pelos galhos, o perfume das ervas selvagens. Aos poucos, ele sente a energia desse lugar sagrado preenchendo seu ser, restaurando sua força e trazendo mensagens profundas. Em muitos casos, a visualização leva ao encontro com guias espirituais—deuses celtas, espíritos ancestrais ou animais de poder. Esse contato pode oferecer orientação, transmitir curas ou simplesmente despertar uma sensação de pertencimento ao fluxo maior da existência. O importante nessa prática é manter-se receptivo, permitindo que as mensagens cheguem de forma natural, seja através de imagens, palavras ou sentimentos.

Além da visualização, outra técnica essencial da meditação celta envolve o uso de mantras e cantos sagrados. Essas entoações podem ser feitas em voz alta ou mentalmente, sendo utilizadas para despertar a consciência e sintonizar o praticante com a vibração do universo. As palavras, muitas vezes em língua celta, carregam em si um poder ancestral que ressoa no corpo e na alma. Ao repetir um mantra ou um canto tradicional, o praticante sente as vibrações se propagando internamente, harmonizando sua energia com a melodia do cosmos. Essa prática é especialmente útil para quem deseja elevar sua frequência vibracional, limpar energias negativas e fortalecer sua conexão espiritual.

Outra abordagem fascinante dentro da meditação celta é aquela que se baseia nos festivais da Roda do Ano. Cada um dos oito festivais sazonais possui uma energia específica, refletindo os ciclos naturais de crescimento, maturação, recolhimento e renovação. O praticante pode meditar sobre o significado de cada celebração, visualizando os rituais e os símbolos associados a elas. Por exemplo, durante Samhain, período em que o véu entre os mundos está mais tênue, a meditação pode focar no contato com os ancestrais e no encerramento de ciclos. Já no solstício de verão, a prática pode se concentrar na absorção da energia solar e no fortalecimento da vitalidade. Ao alinhar-se com essas forças sazonais, o meditador aprende a fluir com os ritmos da natureza e a compreender melhor sua própria jornada pessoal.

Os benefícios da meditação celta são vastos e abrangem todos os aspectos do ser. No nível físico, a prática reduz o estresse e a ansiedade, pois acalma a mente e regula a produção de cortisol, hormônio responsável pelas respostas ao estresse. A respiração profunda e a sintonia com a natureza promovem um relaxamento profundo, que impacta positivamente a saúde do corpo. No campo mental, a meditação fortalece a concentração e o foco, tornando mais fácil manter a atenção plena nas tarefas do dia a dia. Além disso, estimula a criatividade e a intuição, permitindo que o praticante tenha insights e encontre soluções inovadoras para os desafios que enfrenta.

No nível espiritual, a meditação celta reforça a conexão com a natureza e com o sagrado, ajudando o praticante a se sentir parte de um todo maior. Ao estabelecer um vínculo profundo com a terra, os rios, as árvores e os ciclos do universo, ele desperta uma consciência ampliada sobre sua existência e seu propósito de vida. Esse despertar conduz a um autoconhecimento mais profundo, permitindo que ele compreenda melhor seus dons, desafios e caminhos a seguir.

Ao integrar essa prática ao cotidiano, o meditador percebe que a conexão espiritual não está restrita a momentos isolados de introspecção, mas pode permear toda a sua jornada. Caminhar por um campo pode se tornar uma meditação, sentir a brisa no rosto pode ser um chamado à contemplação, ouvir o farfalhar das folhas pode se transformar em um sussurro dos deuses. Dessa forma, a meditação celta não é apenas um exercício, mas um estilo de vida que ensina a enxergar o mundo com olhos mais atentos, a escutar os sinais da natureza e a compreender que cada elemento ao redor é um reflexo do divino.

Incorporar essa prática à espiritualidade pessoal é abrir-se para a sabedoria dos antigos celtas, permitindo que sua consciência se expanda, que sua energia se alinhe com os ritmos naturais e que a magia primordial do universo se revele em cada aspecto da existência.

A meditação celta se revela como um portal para uma vida mais conectada, consciente e harmoniosa. Ao integrar essa prática ao dia a dia, o indivíduo não apenas encontra equilíbrio e clareza interior, mas também fortalece sua relação com os ciclos naturais e com a sabedoria ancestral. Cada momento de contemplação torna-se uma oportunidade de aprendizado, cada respiração um elo com o sagrado. Dessa forma, a jornada meditativa transcende o ato isolado e se transforma em um caminho contínuo de crescimento, permitindo que a espiritualidade celta viva não apenas na mente, mas no próprio ritmo da existência.

Capítulo 26
Trabalhando com os Elementos

A compreensão e o trabalho com os elementos são pilares fundamentais da espiritualidade celta, refletindo a íntima conexão entre os seres humanos e o mundo natural. Os celtas percebiam o universo como uma grande teia viva, onde tudo estava interligado e dependia da harmonia entre os quatro elementos: Terra, Ar, Fogo e Água. Esses elementos não eram apenas forças abstratas, mas manifestações tangíveis e espirituais da energia primordial que sustenta a vida. Cada um carregava atributos específicos que influenciavam a natureza, os ciclos sazonais, o comportamento humano e até mesmo os eventos místicos. Para os celtas, alinhar-se com essas forças significava viver em equilíbrio, respeitando a natureza e compreendendo seu próprio papel dentro dessa ordem cósmica. Assim, o estudo dos elementos não se limitava a um conhecimento teórico, mas era uma prática diária, expressa em rituais, curas, artes divinatórias e na magia cotidiana.

A relação com os elementos ia além da simples observação; era um vínculo de reciprocidade e reverência. A Terra representava a base, a estabilidade e a nutrição, sendo honrada através do cultivo, da construção de lares e do respeito ao solo sagrado dos ancestrais. O Ar simbolizava a inspiração e o intelecto, manifestando-se no sopro da vida, no canto dos bardos e na sabedoria compartilhada entre os druidas. O Fogo, força da transformação, guiava a coragem e a paixão, refletido nas lareiras que aqueciam os lares e nas fogueiras sagradas acesas em festivais como Beltane e Samhain. A Água, fonte da intuição e da purificação, era reverenciada nos rios, lagos e nascentes, locais considerados portais entre os mundos. Cada elemento era associado a deuses e espíritos, que podiam ser invocados em rituais para proteção, orientação ou cura. Os celtas acreditavam que, ao equilibrar os quatro elementos dentro de si, uma pessoa alcançava harmonia física, mental e espiritual, tornando-se mais receptiva às energias do universo.

    O trabalho prático com os elementos exigia sensibilidade e respeito, pois cada um possuía um fluxo energético próprio que precisava ser compreendido. A Terra ensinava a paciência e a prosperidade; o Ar, a clareza e a comunicação; o Fogo, a força e a renovação; a Água, a fluidez e a cura. Os celtas equilibravam essas forças por meio de ritos sazonais, oferendas e práticas meditativas, reconhecendo que qualquer excesso ou carência podia afetar o bem-estar individual e coletivo. Para eles, a harmonia elemental não era um conceito distante, mas um princípio vital que influenciava desde as colheitas até as decisões pessoais. Trabalhar com os elementos era, portanto, uma maneira de fortalecer não apenas a magia e a espiritualidade, mas também a conexão com a essência mais profunda da vida. Ao trazer essa sabedoria para o presente, podemos aprender a cultivar um relacionamento mais equilibrado com a natureza e conosco mesmos, honrando o legado ancestral que nos ensina a viver com consciência, respeito e gratidão pelo mundo ao nosso redor.

A Terra, sólida e acolhedora, sustenta a vida em sua superfície fértil, proporcionando a base para tudo que cresce e se desenvolve. Representa a materialização dos sonhos e a estabilidade que mantém o equilíbrio da existência. Ao se conectar com a Terra, é possível sentir sua força ancestral, a mesma que nutre os bosques antigos, as colinas verdejantes e os campos cultivados. Caminhar descalço sobre o solo permite absorver sua energia silenciosa, enquanto abraçar uma árvore cria um vínculo profundo com suas raízes, sentindo a pulsação da vida que percorre seu tronco. Cultivar um jardim é outra forma de honrar esse elemento, participando do ciclo natural de nascimento, crescimento e renovação. Da mesma forma, a conexão com pedras e cristais possibilita acessar a sabedoria antiga contida nas entranhas do mundo, onde os segredos da Terra são guardados. Honrar esse elemento não se resume apenas a interações físicas, mas também envolve o respeito ao meio ambiente. Práticas sustentáveis, como reciclagem, plantio de árvores e a adoção de hábitos conscientes, são maneiras de expressar gratidão por tudo que a Terra oferece. Afinal, a harmonia com esse elemento reflete a relação de respeito e reciprocidade que devemos cultivar com o planeta.

O Ar, invisível e sutil, carrega em si a essência da inspiração e do pensamento. Ele percorre espaços livres, levando consigo histórias, conhecimentos e ideias.

Representa a liberdade, a criatividade e a transformação, qualidades que impulsionam o crescimento intelectual e espiritual. Conectar-se com o Ar significa permitir-se respirar profundamente, absorvendo sua energia vital e deixando que os pensamentos fluam com clareza. Meditar ao ar livre, sentindo a brisa acariciar a pele, ajuda a sintonizar-se com sua natureza etérea. Cantar, dançar e escrever são expressões que canalizam sua força, permitindo que a comunicação se torne um reflexo autêntico do ser interior. Cada palavra pronunciada ou escrita carrega a marca do Ar, transmitindo sentimentos e ideias através de sua fluidez. Honrar esse elemento significa buscar constantemente o conhecimento, explorar novas perspectivas e manter a mente aberta para o aprendizado. Expressar a verdade com clareza e honestidade é outra forma de sintonizar-se com sua energia, pois o Ar ensina que a comunicação sincera é um caminho para a evolução pessoal e coletiva.

  O Fogo, ardente e vibrante, manifesta-se como a chama que aquece, ilumina e transforma. Representa a paixão que impulsiona a vida, a coragem que enfrenta desafios e a força que transcende barreiras. Esse elemento é o símbolo da vontade e da ação, capaz de provocar mudanças profundas quando direcionado com sabedoria. Para se conectar com o Fogo, basta observar sua presença em chamas dançantes, sentir seu calor próximo a uma fogueira ou acender uma vela com intenção. O movimento também desperta essa energia; dançar com intensidade, praticar exercícios físicos ou simplesmente se entregar a atividades que tragam entusiasmo são formas de honrar o Fogo interior. Cantar com paixão, expressar sentimentos com fervor e agir com determinação são manifestações de sua essência. Honrar o Fogo significa agir com integridade, mantendo a chama da verdade acesa mesmo diante das dificuldades. Ele ensina que a transformação ocorre através do comprometimento e da coragem, e que cada ação realizada com propósito molda o destino.

A Água, fluida e serena, carrega em suas correntes o mistério da intuição e da renovação. Suas marés dançam em sintonia com a Lua, refletindo o ritmo natural da existência. Representa as emoções que fluem livremente, a sensibilidade que percebe o invisível e a capacidade de adaptação diante das circunstâncias. Conectar-se com a Água envolve momentos de introspecção e purificação. Tomar um banho relaxante, permitindo que a água leve embora as tensões acumuladas, é um ritual simples, mas poderoso. Nadar em rios, lagos ou no mar fortalece essa ligação, permitindo sentir seu abraço refrescante e renovador. Meditar próximo a uma fonte de água ou simplesmente escutar o som de um riacho pode trazer clareza emocional e tranquilidade. Honrar esse elemento significa aceitar as próprias emoções, permitindo que fluam sem repressão, e confiar na intuição como guia para as decisões da vida. Assim como a água encontra seu caminho contornando obstáculos, o equilíbrio emocional se revela quando se aprende a fluir com os desafios da vida, em vez de resistir a eles.

O equilíbrio entre os elementos é essencial para a harmonia do corpo, da mente e do espírito. Os celtas acreditavam que quando um dos elementos estava em desequilíbrio, isso se refletia na saúde e no bem-estar. A falta da estabilidade da Terra podia resultar em insegurança e falta de direção. O excesso de Ar poderia causar dispersão e dificuldade de concentração. O Fogo, quando descontrolado, poderia levar à impulsividade e ao desgaste. A Água, em excesso, poderia tornar as emoções avassaladoras e paralisantes. Para restaurar essa harmonia, utilizavam práticas como meditação, rituais específicos, o uso de ervas e encantamentos. Cada elemento poderia ser fortalecido ou suavizado conforme a necessidade, trazendo o equilíbrio necessário para a vida. Compreender essa dinâmica nos permite, ainda hoje, ajustar nossas próprias energias, observando qual aspecto de nossa vida precisa de mais atenção e conexão com determinado elemento. Assim, ao trabalhar conscientemente com as forças da natureza, podemos despertar nosso poder interior, promover a cura e alinhar nossa existência com os ciclos naturais do universo.

    Ao reconhecer e integrar os elementos em nosso dia a dia, resgatamos uma sabedoria ancestral que nos ensina a viver em sintonia com o mundo natural e com nossa própria essência. A conexão com a Terra nos fortalece, o Ar nos inspira, o Fogo nos impulsiona e a Água nos purifica, formando um ciclo contínuo de aprendizado e transformação. Honrar esses elementos não é apenas um ato espiritual, mas um compromisso com a vida em sua expressão mais autêntica. Quando nos abrimos para essa harmonia, descobrimos que os segredos da natureza sempre estiveram dentro de nós, esperando para serem despertados.

Capítulo 27
Magia com a Lua

Desde tempos imemoriais, a Lua exerce uma influência mágica sobre a Terra e seus habitantes, sendo reverenciada como um símbolo de mistério, intuição e transformação. Para os celtas, a Lua não era apenas um astro no céu noturno, mas uma entidade viva e sagrada, um reflexo da energia feminina divina e da eterna dança dos ciclos naturais. Seu brilho prateado iluminava os caminhos da magia, guiando aqueles que buscavam compreender os mistérios ocultos da existência. Através da observação das fases lunares, os celtas harmonizavam suas práticas espirituais com os ritmos da natureza, utilizando o poder da Lua para potencializar feitiços, rituais e processos de cura. Acreditava-se que cada fase lunar carregava uma vibração única, capaz de influenciar não apenas o mundo físico, mas também as emoções, os sonhos e a espiritualidade. Dessa forma, a conexão com a Lua transcendia a mera contemplação astronômica, tornando-se um elo sagrado entre os humanos e o cosmos.

A relação dos celtas com a Lua era profundamente enraizada em sua visão cíclica do tempo e da vida. Assim como as estações do ano marcavam os festivais sagrados da Roda do Ano, as fases lunares determinavam os momentos mais propícios para diferentes tipos de rituais. Durante a Lua Nova, o véu entre os mundos se tornava mais sutil, favorecendo novas intenções e o início de projetos espirituais. À medida que a Lua Crescente avançava no céu, sua energia de crescimento e expansão fortalecia os desejos e ações, ajudando a concretizar planos e fortalecer a força de vontade. Na Lua Cheia, quando seu brilho atingia o ápice, a energia mágica se tornava mais intensa, ideal para rituais de manifestação, amor e fertilidade. Por outro lado, a Lua Minguante guiava a introspecção e o fechamento de ciclos, enquanto a Lua Negra, um período misterioso de transição, era associada ao contato com os ancestrais e à preparação para um novo ciclo. Esse conhecimento era passado de geração em geração, preservado pelos druidas e praticantes da antiga fé, que viam na Lua uma aliada poderosa para a magia e o autoconhecimento.

Ao incorporar a energia lunar em seu dia a dia, os celtas aprendiam a fluir com os ciclos da natureza e a respeitar o tempo certo para cada ação. Eles compreendiam que tudo na vida possui um ritmo próprio—um momento de nascer, crescer, brilhar, diminuir e renascer. Essa percepção não apenas fortalecia sua magia, mas também promovia um equilíbrio profundo entre corpo, mente e espírito. Nos tempos atuais, resgatar essa conexão com a Lua nos permite acessar a sabedoria ancestral e trazer mais harmonia para nossa jornada pessoal. Ao trabalhar com as fases lunares, podemos despertar nosso poder interior, alinhar nossos desejos com as energias do universo e compreender que somos parte de um fluxo cósmico maior. A Lua continua a brilhar no céu, assim como sempre brilhou para os antigos celtas, lembrando-nos de que a magia está sempre ao nosso alcance, basta sintonizar-se com seu ritmo e permitir que sua luz nos guie.

Cada fase lunar carregava em si um significado profundo e uma energia singular, servindo como uma bússola para os celtas em sua jornada mágica. Ao compreender e sintonizar-se com esses ciclos, eles eram capazes de direcionar seus rituais com maior eficácia, manifestando intenções de acordo com o fluxo natural do universo.

Na Lua Nova, quando o céu se encontrava envolto pela escuridão e a Lua ainda não se mostrava visível, os celtas enxergavam um convite para o recomeço. Esse era o instante perfeito para plantar as sementes dos sonhos e estabelecer intenções para um novo ciclo. Assim como a terra fértil aguarda a chegada da semente, a energia da Lua Nova oferecia o solo ideal para nutrir desejos, projetos e mudanças internas. Rituais de purificação eram frequentemente realizados nesse período, com banhos de ervas e defumações utilizando artemísia, lavanda ou sálvia branca para limpar energias estagnadas e abrir caminhos para novas possibilidades. Além disso, a escrita de intenções em pergaminhos, posteriormente queimados em chamas sagradas, era uma prática comum, simbolizando o compromisso com o novo ciclo que se iniciava.

À medida que a Lua começava a crescer no céu, sua energia impulsionava o movimento e a expansão. A

Lua Crescente representava o período de fortalecimento dos projetos iniciados na Lua Nova, um tempo para agir com determinação e coragem. Os celtas compreendiam que tudo na natureza seguia um processo gradual de desenvolvimento, e, por isso, esse era o momento ideal para dar passos concretos em direção aos objetivos traçados. Rituais de prosperidade eram frequentemente realizados, incluindo a consagração de moedas e grãos como símbolos de abundância e crescimento. Ervas como manjericão e alecrim eram utilizadas em infusões e banhos para atrair sorte e proteção. Além disso, encantamentos de atração eram feitos, especialmente aqueles voltados ao amor e à harmonia nos relacionamentos, utilizando velas vermelhas e quartzos rosa energizados à luz lunar.

    Quando a Lua atingia seu esplendor máximo, derramando sua luz prateada sobre a terra, a magia se tornava mais intensa. A Lua Cheia era vista como a culminação de todas as energias trabalhadas até então, sendo um momento de celebração, gratidão e conexão profunda com a espiritualidade. Os celtas aproveitavam essa fase para rituais de amor, fertilidade e intuição, pois acreditavam que a Lua Cheia amplificava as emoções e a percepção sensorial. Em bosques sagrados, grupos se reuniam para dançar e cantar sob a luz lunar, evocando a Deusa em sua plenitude e pedindo por bênçãos e proteção. Amuletos eram energizados ao luar, especialmente pedras como a selenita e a pedra da lua, que carregavam a vibração mística desse período. Além disso, a prática de meditação e sonhos lúcidos era incentivada, pois se acreditava que a Lua Cheia abria portais para o inconsciente e para o contato com os guias espirituais.

Com a chegada da Lua Minguante, a energia começava a se recolher, convidando à introspecção e ao desapego. Esse era o tempo de libertação, ideal para encerrar ciclos, afastar energias negativas e preparar-se para o novo ciclo que viria com a próxima Lua Nova. Os celtas utilizavam essa fase para rituais de banimento, nos quais escreviam em folhas de papel tudo o que desejavam eliminar de suas vidas e, em seguida, queimavam-nas em fogueiras rituais ou lançavam-nas em rios para que a água levasse consigo tudo o que não servia mais. A lavanda e a arruda eram ervas frequentemente utilizadas em defumações para limpeza energética, e os banhos de sal grosso eram recomendados para descarregar impurezas acumuladas. Além disso, esse período favorecia a cura emocional, promovendo momentos de solitude e reflexão, nos quais se buscava compreender padrões nocivos e transformá-los.

Por fim, havia a Lua Negra, um intervalo misterioso e silencioso nos três dias que antecediam a Lua Nova. Esse era um momento sagrado de recolhimento, um período de conexão profunda com o inconsciente e com os ancestrais. Os celtas viam essa fase como um espaço entre mundos, um tempo propício para práticas de adivinhação, como a leitura de runas e espelhos negros, e para rituais de cura espiritual e autoconhecimento. Em noites de Lua Negra, era comum que os druidas e sábios se isolassem para meditar e receber visões, utilizando ervas como a artemísia para facilitar estados alterados de consciência. Além disso, esse era o momento ideal para renovar votos espirituais e preparar-se para o renascimento da Lua Nova, encerrando um ciclo com sabedoria e intuição aguçada.

Ao trabalhar com essas fases lunares, os celtas não apenas fortaleciam sua magia, mas também aprendiam a fluir com os ritmos naturais da vida. A Lua era mais do que um astro no céu; era uma guia, uma mestra silenciosa que ensinava sobre o tempo certo de plantar, crescer, colher e descansar. Ao resgatar esse conhecimento nos dias atuais, podemos nos reconectar com nossa essência, compreender que somos parte de um fluxo maior e utilizar a magia lunar como uma ferramenta poderosa para transformação, equilíbrio e autodescoberta.

A Lua continua a nos lembrar de que a vida é feita de ciclos, de inícios e encerramentos, de momentos de expansão e recolhimento. Assim como os antigos celtas encontravam na Lua uma aliada para sua magia e espiritualidade, também podemos nos sintonizar com suas fases para compreender melhor nossos próprios ritmos internos. Ao observar sua luz e sentir sua influência, percebemos que há um tempo certo para cada coisa, e que confiar nesse fluxo natural nos permite caminhar com mais sabedoria e harmonia. Seja para manifestar sonhos, liberar o que já não nos serve ou simplesmente contemplar sua beleza prateada no céu, a Lua segue sendo um farol, guiando-nos na eterna dança da vida.

Capítulo 28
Feitiços e Encantamentos

Na tradição celta, a magia era um entrelaçamento entre a palavra, a intenção e as forças da natureza, refletindo a crença de que tudo no universo estava vivo e pulsava com energia sagrada. Os feitiços e encantamentos eram mais do que simples fórmulas místicas; eles representavam a habilidade de manipular a realidade por meio da conexão com os elementos, os deuses e os espíritos ancestrais. Para os celtas, cada som emitido carregava um poder vibracional, e as palavras proferidas com intenção e conhecimento podiam moldar eventos, atrair bênçãos e afastar perigos. O uso da magia verbal era um segredo dominado principalmente pelos druidas, que detinham o conhecimento das línguas sagradas e das combinações rítmicas capazes de potencializar os feitiços. No entanto, essa sabedoria também permeava o dia a dia do povo celta, que utilizava encantamentos simples para proteção, cura e prosperidade.

A estrutura dos feitiços celtas baseava-se em princípios que garantiam sua eficácia e alinhamento com as energias naturais. Antes de lançar um feitiço, era essencial que o praticante estivesse em sintonia com sua intenção, pois a clareza do propósito determinava a direção da energia canalizada. A concentração era outro elemento indispensável, permitindo que a mente permanecesse focada e livre de distrações. Além disso, a visualização era uma prática comum, na qual se imaginava o resultado desejado como se já estivesse concretizado, fortalecendo a manifestação mágica. As palavras de poder, muitas vezes transmitidas de geração em geração, eram cuidadosamente escolhidas, pois os celtas acreditavam que certos sons e combinações fonéticas possuíam um magnetismo especial para invocar forças espirituais. Junto às palavras, o uso de elementos naturais—como ervas, pedras, velas e símbolos sagrados—ajudava a canalizar a energia necessária para cada feitiço. Dessa maneira, a magia celta não se limitava a um mero ato de manipulação, mas era uma interação harmoniosa com o fluxo do universo, respeitando os ciclos da natureza e as leis espirituais.

Cada feitiço era moldado de acordo com sua finalidade e poderia ser realizado de maneira simples ou em rituais elaborados, dependendo da necessidade e da experiência do praticante. Os feitiços de cura eram amplamente utilizados, aproveitando as propriedades das ervas e das palavras sagradas para restaurar o equilíbrio do corpo e do espírito. Os encantamentos de proteção criavam barreiras contra energias nocivas, seja por meio da criação de amuletos ou da recitação de versos mágicos em momentos de perigo. Para atrair prosperidade, os celtas recorriam a fórmulas que combinavam elementos como moedas, grãos e gestos simbólicos, reforçando a intenção de abundância. Os feitiços de amor, por sua vez, focavam na harmonia e na atração de conexões genuínas, nunca forçando vontades, mas sim abrindo caminhos para encontros alinhados ao destino. Independentemente da intenção, cada feitiço era realizado com respeito, gratidão e consciência da responsabilidade que envolvia a prática mágica. Ainda hoje, a magia verbal celta nos ensina que palavras são mais do que simples expressões: são forças criadoras capazes de moldar nossa realidade, conectar-nos ao sagrado e despertar o poder que habita em nosso interior.

Os druidas, guardiões da sabedoria ancestral, eram mestres na arte dos feitiços e encantamentos, conhecendo profundamente o poder das palavras e os segredos da magia verbal. Sua habilidade em manipular a energia do universo por meio da linguagem sagrada fazia deles figuras reverenciadas dentro da sociedade celta, responsáveis por intermediar o contato com os deuses, proteger a comunidade e garantir a harmonia entre os mundos visível e invisível. Eles desenvolviam fórmulas mágicas intricadas, combinando palavras cuidadosamente escolhidas com ritmos melódicos, rimas poderosas e imagens evocativas. Esse conhecimento era passado oralmente de geração em geração, preservando a tradição e a eficácia dos encantamentos. Cada palavra proferida possuía um propósito específico, e sua entonação e cadência eram tão importantes quanto seu significado. O som da voz, aliado à intenção e aos gestos rituais, criava um fluxo de energia que se conectava às forças da natureza, manifestando mudanças na realidade.

Os feitiços e encantamentos tinham diversas aplicações na vida dos celtas. Eram utilizados para a cura de doenças, mobilizando as propriedades das ervas sagradas e a energia espiritual para restaurar o equilíbrio do corpo e da alma. Também eram empregados como proteção contra forças malignas e infortúnios, erguendo barreiras mágicas ao redor dos indivíduos ou das comunidades. Para garantir boas colheitas e fartura, os druidas lançavam encantamentos sobre os campos, abençoando a terra e invocando a generosidade dos deuses. No campo emocional, os feitiços de amor não eram voltados para manipulação ou imposição de sentimentos, mas sim para abrir caminhos e atrair conexões alinhadas ao destino dos envolvidos. Cada encantamento era realizado com profundo respeito às leis do universo, pois acreditava-se que a magia, quando usada de forma irresponsável ou egoísta, retornaria ao conjurador em igual intensidade.

    Para que um feitiço celta fosse eficaz, ele precisava conter alguns elementos fundamentais. O primeiro deles era a intenção, considerada o coração da magia. Antes de iniciar qualquer encantamento, o praticante devia ter plena clareza do que desejava alcançar, formulando sua intenção com precisão e carregando-a de emoção. A força do desejo e a crença na realização eram indispensáveis para que a energia se movimentasse de maneira correta. Em seguida, a concentração desempenhava um papel crucial, pois dispersar os pensamentos ou duvidar do próprio poder poderia enfraquecer a magia. Durante o feitiço, o praticante deveria manter sua mente livre de distrações e focada exclusivamente no propósito desejado.

A visualização era outro elemento essencial. Os celtas acreditavam que, ao imaginar vividamente o resultado como se ele já estivesse concretizado, o praticante fortalecia a manifestação da sua vontade. Assim, ao lançar um feitiço para cura, por exemplo, deveria visualizar a pessoa já saudável e cheia de vitalidade, sentindo a alegria da recuperação. Essa prática intensificava a conexão entre o mundo físico e o espiritual, permitindo que a energia fluísse mais facilmente para a concretização do desejo.

Além disso, as palavras de poder desempenhavam um papel central nos feitiços. Os encantamentos podiam ser entoados em língua celta, em um dialeto ancestral ou até mesmo em uma linguagem pessoal, desde que carregassem a intenção necessária e fossem pronunciados com convicção. Alguns termos e expressões eram considerados especialmente sagrados e, quando repetidos em determinada cadência ou em conjunto com gestos ritualísticos, tornavam-se ainda mais potentes. Muitas dessas palavras de poder eram transmitidas de mestre para aprendiz, garantindo que a tradição mágica se mantivesse viva.

Os elementos mágicos também eram fundamentais para potencializar um feitiço. Ervas sagradas, cristais, velas, incensos e símbolos específicos eram escolhidos de acordo com a natureza do encantamento. As ervas carregavam propriedades espirituais que auxiliavam na manifestação da intenção; cristais serviam como condutores de energia; velas representavam o fogo da transformação; incensos purificavam o ambiente e fortaleciam a conexão com os espíritos; e símbolos sagrados, desenhados no ar ou em objetos, selavam a energia do feitiço. Cada elemento era cuidadosamente integrado ao ritual, fortalecendo a ligação entre o praticante e as forças naturais.

O ritual, por sua vez, era a estrutura que unificava todos esses elementos. Criado para concentrar energia, ele envolvia gestos, movimentos e ações simbólicas que ampliavam o poder do encantamento. Desde acender uma vela e traçar sigilos até entoar cânticos e percorrer círculos mágicos, cada ato dentro do ritual tinha um propósito e contribuía para a eficácia do feitiço. A repetição desses gestos reforçava a intenção e criava um elo com as energias espirituais que auxiliariam na manifestação do desejo.

Entre os feitiços celtas mais conhecidos, destacavam-se os de cura, proteção e amor. O feitiço de cura, por exemplo, exigia a utilização de ervas curativas como camomila, lavanda e alecrim, combinadas com cristais de energia restauradora, como o quartzo transparente e a ametista. O praticante acendia uma vela verde, símbolo da renovação e da vida, e visualizava a pessoa doente sendo envolvida por uma luz de cura. Com a recitação de um encantamento, pedia-se aos deuses e aos espíritos da natureza que restaurassem a saúde do indivíduo. Esse feitiço não apenas acelerava a recuperação, mas também fortalecia o espírito e equilibrava as emoções.

Já o feitiço de proteção era amplamente utilizado para afastar energias negativas e criar uma barreira contra influências nocivas. Para isso, ervas como alecrim, arruda e louro eram queimadas ou dispersas pelo ambiente, enquanto cristais como turmalina negra e obsidiana eram posicionados estrategicamente ao redor do espaço ou carregados como amuletos. Acendia-se uma vela branca, representando a luz protetora, e visualizava-se um escudo de energia se formando ao redor do indivíduo. O encantamento proferido selava essa proteção, garantindo segurança espiritual e emocional.

O feitiço de amor, por sua vez, era realizado para atrair conexões genuínas e fortalecer laços afetivos. Ervas como rosa, jasmim e verbena eram combinadas com cristais como quartzo rosa e pedra da lua, amplificando a energia do amor e da harmonia. A vela rosa, símbolo da paixão e do afeto sincero, era acesa enquanto o praticante visualizava a pessoa amada se aproximando, envolvida por uma aura de carinho e cumplicidade. O encantamento, entoado com doçura e fé, servia para abrir caminhos para o amor verdadeiro, sempre respeitando o livre-arbítrio e a vontade dos envolvidos.

Os feitiços e encantamentos celtas são uma poderosa ferramenta de conexão com o universo, permitindo que a vontade do praticante se manifeste de maneira alinhada com as energias naturais. Mais do que simples fórmulas mágicas, eles representam a interação harmoniosa entre o ser humano e as forças espirituais, ensinando que o verdadeiro poder reside na intenção, na sabedoria e no respeito às leis do cosmos. Ao utilizarmos a magia verbal com consciência e devoção, despertamos nossa força interior e moldamos nossa realidade de forma equilibrada e sagrada.

    A prática dos feitiços e encantamentos celtas nos lembra de que a verdadeira magia não está apenas nos rituais ou nos elementos utilizados, mas na intenção que colocamos em cada palavra e ação. Ao nos conectarmos com essa antiga tradição, aprendemos que a magia é um reflexo da harmonia entre nosso desejo, nossa energia e o fluxo natural do universo. Assim, ao pronunciarmos um encantamento ou realizarmos um ritual, não estamos apenas manipulando forças invisíveis, mas reafirmando nosso poder pessoal e nossa ligação com o sagrado. No fim, a magia é, acima de tudo, um ato de consciência e respeito, uma dança entre o visível e o invisível, na qual cada um de nós é tanto o feiticeiro quanto o encantamento.

Capítulo 29
Talismãs e Amuletos

No universo celta, onde a magia e a espiritualidade se entrelaçam de maneira inseparável, os objetos não eram meros adornos ou utilitários, mas extensões da própria essência do mundo invisível. Cada peça carregava consigo a força das tradições ancestrais, transmitindo significados profundos que ultrapassavam a simples estética ou o valor material. Talismãs e amuletos emergiam como elementos fundamentais na vida cotidiana, imbuídos de poder e simbolismo, servindo tanto como protetores contra forças adversas quanto como canalizadores de bênçãos e boas energias. A relação dos celtas com esses objetos ia além da posse física; tratava-se de um vínculo sagrado entre o indivíduo, os espíritos da natureza e as forças divinas que regiam o cosmos. Criados com materiais cuidadosamente escolhidos e consagrados por rituais específicos, esses artefatos eram testemunhos da crença inabalável na interação entre o tangível e o espiritual, moldando a forma como os celtas compreendiam e influenciavam seu próprio destino.

A visão celta de mundo era fortemente fundamentada na interconectividade de todas as coisas, e os talismãs e amuletos representavam essa ligação contínua entre o ser humano e o universo. Eles não eram apenas utilizados para atrair fortuna ou afastar o mal, mas também para fortalecer o elo entre a comunidade e as energias naturais, conferindo proteção, coragem, sabedoria e até mesmo favorecendo a saúde. Pedras, metais, madeira, ossos, conchas e outros elementos naturais eram selecionados segundo sua vibração e seu significado espiritual. O ato de portar ou presentear um amuleto carregava consigo a intenção de nutrir esse elo invisível e de assegurar que as forças da natureza estivessem em harmonia com o portador. Ao longo dos séculos, essa prática não apenas perdurou, mas evoluiu, mantendo sua essência viva dentro das culturas modernas que ainda buscam na ancestralidade celta um caminho para o equilíbrio e a proteção energética.

O caráter sagrado dos talismãs e amuletos também se refletia na maneira como eram confeccionados e consagrados. O artesão, ao esculpir, moldar ou gravar um símbolo, não apenas criava um objeto, mas impregnava nele sua intenção e devoção, tornando-o um canal de poder pessoal e espiritual. Cada peça era única, pois a energia aplicada durante sua criação a diferenciava das demais, garantindo que servisse ao propósito específico para o qual fora destinada. Dessa forma, esses artefatos se tornavam verdadeiros aliados mágicos, reforçando a crença celta de que a interação entre o visível e o invisível não apenas existia, mas podia ser manipulada de maneira consciente para benefício próprio e coletivo.

Os celtas acreditavam profundamente que determinados objetos, fossem eles encontrados na natureza ou meticulosamente trabalhados pelo homem, possuíam propriedades mágicas inerentes. Pedras brutas, cristais reluzentes, ossos de animais caídos em rituais naturais, conchas trazidas pelas marés, madeira esculpida pelo tempo e metais moldados pelo fogo eram cuidadosamente escolhidos e transformados em poderosos talismãs e amuletos. Cada elemento carregava consigo não apenas sua composição física, mas também sua vibração espiritual e seu significado dentro do complexo sistema de crenças celtas. O processo de criação desses objetos sagrados era repleto de intenção, respeito e conexão com as forças invisíveis do mundo, garantindo que eles se tornassem verdadeiras extensões da vontade de quem os portava.

Os talismãs, por sua vez, eram criados com um propósito claro e positivo: atrair aquilo que era desejado, seja sorte, prosperidade, amor ou abundância. Eram confeccionados com elementos simbólicos que representavam a fertilidade, a riqueza e o crescimento. Imagens de animais e plantas, que carregavam significados místicos, eram frequentemente esculpidas em pedra ou madeira. Deuses protetores eram gravados em metal, tornando-se poderosos intermediários entre o mundo espiritual e o terreno. Moedas e pedras preciosas, com suas vibrações naturais de prosperidade, eram utilizadas para amplificar o magnetismo do talismã. Mais do que meros objetos, esses artefatos eram canalizadores de energia, carregados da intenção daquele que os criava e utilizava. Para que um talismã funcionasse de forma eficaz, acreditava-se que era necessário consagrá-lo em um ritual, onde a vontade do portador se unia às forças da natureza, selando o propósito do objeto no tecido do universo.

Já os amuletos tinham uma função diferente, voltada para a proteção e para a criação de um escudo contra energias negativas e influências indesejadas. Enquanto os talismãs atraíam bênçãos, os amuletos afastavam perigos. Muitos eram gravados com símbolos sagrados, como o nó celta, cuja forma entrelaçada representava a interconexão eterna de todas as coisas e a força da proteção espiritual. A cruz celta, combinando a roda solar com a cruz tradicional, era um poderoso emblema de fé e esperança, invocando a presença do divino para a defesa do portador. O trisquel, com suas três espirais em movimento, simbolizava a harmonia entre os três mundos celtas – terra, mar e céu – e era frequentemente utilizado para manter o equilíbrio e afastar forças disruptivas. Além dos símbolos, os amuletos também podiam incorporar elementos naturais de forte poder protetor. Ervas como o alecrim e a arruda eram secas e carregadas dentro de pequenos saquinhos, formando amuletos vivos que exalavam sua energia protetora. Cristais como a turmalina negra e a obsidiana eram usados para absorver e dissipar energias negativas, criando um campo de defesa ao redor de quem os carregava.

A criação desses artefatos era uma prática profundamente espiritual e respeitosa, que exigia mais do que habilidade manual: exigia conexão com as forças naturais e com os deuses. O processo começava com a seleção dos materiais, que nunca eram colhidos de forma descuidada. Se uma pedra fosse retirada da terra, um agradecimento era feito à natureza. Se uma madeira fosse escolhida, pedia-se permissão ao espírito da árvore. Esse ato de respeito assegurava que o objeto carregaria boas energias e cumpriria seu propósito de maneira eficaz. Durante a confecção, o artesão mantinha a mente focada na intenção do objeto, infundindo nele sua energia pessoal. Cada golpe de cinzel, cada traço esculpido, cada fio trançado era um ato de magia, transformando um simples item em um poderoso canalizador de forças invisíveis.

O uso dos talismãs e amuletos era variado, adaptando-se às necessidades individuais e coletivas. Muitos eram usados como joias – pingentes, colares, pulseiras, anéis e broches – para garantir que estivessem sempre em contato com o corpo, emanando sua influência sobre o portador. Outros eram mantidos em casa ou no local de trabalho, protegendo o ambiente de energias negativas e atraindo boas vibrações para o espaço. Nos altares dedicados aos deuses e ancestrais, os amuletos e talismãs eram dispostos como oferendas e ferramentas de conexão espiritual, amplificando a energia dos rituais e fortalecendo a ligação entre os mundos. Em momentos de grande importância, como batalhas, colheitas ou cerimônias de união, esses objetos eram usados para garantir sucesso e proteção, reforçando a crença de que o destino podia ser moldado pela interação com o sagrado.

O simbolismo presente nesses artefatos era o que lhes conferia poder. Os celtas atribuíam significados profundos a diversos símbolos, entendendo que cada um deles carregava uma vibração única e específica. O nó celta representava não apenas proteção, mas também a interconexão da vida e da eternidade, sendo um dos mais comuns em amuletos de defesa. A cruz celta simbolizava a união do mundo físico com o espiritual, sendo utilizada para garantir equilíbrio e força. O trisquel evocava o movimento constante da vida, a renovação e a energia dos três reinos naturais, tornando-se um símbolo de transformação e progresso. A espiral, que aparecia em muitas pedras antigas, representava o crescimento, a evolução e a ligação com o cosmos, sendo um poderoso emblema de desenvolvimento pessoal. Além disso, os animais também tinham um papel significativo dentro do simbolismo mágico celta. O urso era associado à força e à coragem, o javali à fertilidade e abundância, o corvo à sabedoria e ao mistério, e o salmão ao conhecimento e à persistência.

Ao compreendermos a profundidade da relação dos celtas com seus talismãs e amuletos, conseguimos enxergar um povo cuja espiritualidade permeava cada aspecto da vida cotidiana. Esses objetos não eram meros adornos ou superstições vazias, mas sim expressões tangíveis de uma visão de mundo em que o sagrado e o mundano se entrelaçavam de maneira inseparável. Hoje, inspirados por essa tradição ancestral, podemos criar nossos próprios talismãs e amuletos, carregando-os com nossas intenções mais puras e utilizando-os como ferramentas para estabelecer uma conexão mais profunda com a energia do universo. Seja para atrair sorte, proteger-se contra adversidades ou buscar equilíbrio, esses artefatos continuam a carregar consigo a sabedoria dos antigos celtas, guiando aqueles que buscam viver em harmonia com as forças invisíveis que regem a existência.

Mais do que simples objetos, talismãs e amuletos eram testemunhos da profunda conexão dos celtas com o sagrado, símbolos de uma fé que permeava cada aspecto da vida. Ao carregá-los, não apenas buscavam proteção ou sorte, mas reafirmavam sua comunhão com as forças da natureza e com os mistérios do universo. Hoje, ao resgatarmos esse conhecimento ancestral, aprendemos que a verdadeira magia não está no objeto em si, mas na intenção e na energia que depositamos nele. Assim, ao escolhermos ou criarmos nossos próprios amuletos, damos continuidade a uma tradição milenar, mantendo viva a sabedoria dos antigos e fortalecendo nossa própria jornada espiritual.

Capítulo 30
O Caminho do Guerreiro

Na sociedade celta, o guerreiro representava mais do que um simples combatente; ele personificava a força protetora da comunidade, um símbolo de honra, coragem e conexão espiritual. Seu papel transcendia a arte da guerra e se entrelaçava com a filosofia, a liderança e a devoção ao sagrado. Para os celtas, a batalha não era apenas um confronto físico, mas uma manifestação da harmonia entre o corpo, a mente e o espírito. O verdadeiro guerreiro não era aquele que empunhava a espada com brutalidade, mas sim aquele que compreendia a necessidade do equilíbrio, do respeito às tradições e do compromisso inabalável com seu povo. Desde a juventude, ele era preparado não apenas para a luta, mas para a vida, sendo treinado em estratégias, habilidades diplomáticas e valores morais que guiariam seu caminho. Essa jornada não se resumia a um treinamento físico rigoroso, mas também a uma busca pelo autoconhecimento, pela disciplina e pela comunhão com as forças cósmicas.

Os celtas não glorificavam a guerra pela violência, mas sim pela defesa do que era justo e sagrado. A batalha era vista como um último recurso, um meio de proteger a terra, a cultura e a honra do clã.

O guerreiro era um guardião, não um conquistador. Sua espada, seu escudo e sua lança não eram apenas instrumentos de combate, mas extensões de sua própria essência, carregando sua determinação e sua lealdade. Ao mesmo tempo, sua conexão com os deuses e os ancestrais lhe conferia um sentido maior de propósito, tornando a guerra um ato não apenas de força, mas de significado espiritual. Os ritos de passagem, os juramentos solenes e os símbolos que carregavam em seus corpos e armas reforçavam esse vínculo sagrado, lembrando-os constantemente de que sua luta era também uma forma de honrar sua linhagem e os espíritos que os guiavam.

Mais do que protetor de seu povo, o guerreiro celta era um buscador da verdade e da sabedoria. Ele compreendia que a maior batalha não acontecia apenas no campo de guerra, mas dentro de si mesmo. Vencer o medo, dominar os próprios impulsos e agir com justiça eram desafios tão grandiosos quanto qualquer confronto físico. A jornada do guerreiro era, antes de tudo, uma jornada interior. Ele não buscava apenas a vitória sobre seus inimigos, mas o aperfeiçoamento de seu espírito e a construção de um legado de honra. Inspirando-se nesses princípios, os celtas nos ensinam que o verdadeiro poder não reside apenas na força dos braços, mas na retidão do coração e na sabedoria de cada escolha feita ao longo da vida.

Para os celtas, a guerra era uma realidade inescapável, mas nunca um fim em si mesma. O guerreiro celta não se entregava à batalha por mero desejo de conquista ou pelo prazer da violência, e sim pelo dever de proteger seu povo, sua terra e seus valores ancestrais. Mais do que um combatente, ele era um guardião, alguém que carregava consigo o compromisso sagrado de preservar a harmonia e a justiça. Sua coragem, sua honra e sua lealdade não se limitavam ao campo de batalha, mas permeavam cada aspecto de sua vida. Para ele, a força não poderia existir sem compaixão, e o poder, sem equilíbrio. Era dentro desse entendimento profundo que se desenvolvia o código de conduta do guerreiro, um conjunto de valores e princípios que guiavam sua jornada e moldavam seu caráter.

Desde muito jovem, o aspirante a guerreiro iniciava seu treinamento, um processo árduo que envolvia não apenas o aprimoramento físico, mas também o desenvolvimento intelectual e espiritual. A resistência e a destreza eram cultivadas por meio de exercícios constantes que fortaleciam o corpo, preparando-o para os desafios do combate. O manejo da espada, da lança e do escudo era ensinado com precisão, assim como o uso do arco e da adaga. Entretanto, a guerra não se vencia apenas pela força dos braços, e os jovens guerreiros eram igualmente treinados na arte da estratégia, na diplomacia e na liderança. Compreender os movimentos do inimigo, antecipar suas ações e saber quando atacar ou recuar era tão importante quanto empunhar uma arma com habilidade. Além disso, aprendiam a importância da disciplina, da coragem e da lealdade, sendo incentivados a agir sempre com respeito e retidão. Um guerreiro não poderia ser guiado pelo impulso ou pela ira; cada golpe desferido deveria ter um propósito, cada decisão tomada deveria estar em harmonia com os valores do clã.

O código de honra dos guerreiros celtas era inquebrantável. Eles não lutavam apenas por si mesmos, mas pelo bem maior de sua comunidade, comprometendo-se a defender os mais fracos e a enfrentar qualquer ameaça que colocasse em risco a segurança de seu povo. A justiça era um pilar fundamental desse código, e a verdade, um dever sagrado. Mentiras e traições eram vistas como afrontas graves, capazes de manchar para sempre a reputação de um guerreiro. A covardia não era tolerada, pois um verdadeiro combatente deveria encarar os desafios de frente, sem hesitação ou temor. A honra não residia apenas na vitória, mas na forma como se conduzia em todas as situações. A palavra dada tinha um peso inestimável, e quebrar um juramento significava perder a dignidade e o respeito dos seus. Por isso, cada guerreiro era ensinado a medir bem suas promessas, pois uma vez feitas, deveriam ser cumpridas a qualquer custo.

A espiritualidade também ocupava um papel central na vida do guerreiro celta. Ele não via sua força como um atributo isolado, mas como uma extensão de algo muito maior—uma conexão profunda com os deuses, os espíritos ancestrais e as forças da natureza. Antes das batalhas, rituais eram realizados para pedir proteção e orientação divina, e muitos guerreiros carregavam talismãs e símbolos sagrados para fortalecer seu espírito no combate. Acreditava-se que a bravura e a sorte de um guerreiro estavam diretamente ligadas à sua relação com o mundo espiritual. Para eles, cada batalha não era apenas uma disputa terrena, mas um reflexo das forças cósmicas em ação. E assim, com reverência, os guerreiros honravam não apenas seus deuses, mas também aqueles que vieram antes deles, pois sabiam que seus feitos seriam lembrados pelos descendentes que viriam depois.

Mais do que apenas um defensor de seu povo, o guerreiro celta era um pilar essencial da comunidade. Seu papel ia além das batalhas e dos confrontos armados. Ele era um líder, um exemplo de coragem e sabedoria, alguém que inspirava respeito e admiração. Quando não estavam em guerra, muitos guerreiros dedicavam-se à proteção dos aldeões, à resolução de disputas internas e ao aconselhamento dos mais jovens. Sua presença transmitia segurança, e sua palavra, muitas vezes, possuía um peso equivalente ao dos druidas e anciãos. Seu compromisso com o bem-estar do povo não terminava quando guardava a espada, pois ele compreendia que a verdadeira força estava na união e na prosperidade da comunidade.

Mas a maior batalha que um guerreiro celta enfrentava não era travada contra inimigos externos, e sim dentro de si mesmo. Ele compreendia que dominar seus próprios medos, suas paixões e seus impulsos era um desafio tão árduo quanto qualquer combate físico. A busca pela verdade e pela justiça era um caminho constante, e cada decisão tomada moldava não apenas sua trajetória, mas também seu legado. O guerreiro celta não lutava apenas para vencer; ele lutava para se tornar melhor, para evoluir como ser humano e para encontrar o equilíbrio entre a força e a compaixão. Sua jornada não era apenas um destino, mas um processo contínuo de crescimento e transformação.

Ao refletirmos sobre o caminho do guerreiro celta, podemos perceber que sua sabedoria transcende os tempos e continua a ecoar em nossa realidade. Seus valores nos ensinam que a verdadeira força não está apenas na habilidade de lutar, mas na capacidade de permanecer fiel aos nossos princípios, mesmo diante das adversidades. Seu código de honra nos lembra da importância da verdade, da lealdade e do respeito. E sua conexão com o sagrado nos mostra que, para sermos verdadeiramente poderosos, precisamos estar em harmonia com nós mesmos e com o mundo ao nosso redor. Assim, ao nos inspirarmos nesses antigos guerreiros, podemos encontrar dentro de nós a coragem para enfrentar nossos próprios desafios e a determinação para seguir adiante com honra e propósito.

O caminho do guerreiro celta não era trilhado apenas com armas e batalhas, mas com a coragem de enfrentar a si mesmo, o compromisso com a verdade e a busca incessante pelo equilíbrio entre força e compaixão. Seu legado ultrapassa o tempo, ensinando que a verdadeira vitória não está apenas na conquista externa, mas na honra de viver de acordo com princípios elevados. Hoje, ao olharmos para essa jornada, percebemos que todos nós, de alguma forma, carregamos o espírito do guerreiro dentro de nós— prontos para lutar por aquilo que é justo, para nos superarmos a cada dia e para escrever nossa própria história com dignidade e propósito.

Capítulo 31
O Caminho do Artesão

Na tradição celta, o artesão não era apenas um habilidoso criador de objetos, mas um verdadeiro intermediário entre o mundo terreno e o espiritual, alguém capaz de traduzir em matéria a essência das forças invisíveis que regiam a existência. Seu ofício não se limitava à técnica, mas envolvia uma profunda conexão com os elementos naturais, com os ciclos da vida e com a energia sagrada que permeava todas as coisas. Cada peça produzida era mais do que um simples utensílio ou ornamento; era um reflexo da alma do criador, um canal de expressão cultural e espiritual, carregado de simbolismo e intenção. O artesanato celta não era apenas uma prática funcional, mas uma arte viva que preservava histórias, honrava os deuses e fortalecia os laços entre as gerações. Criar um objeto, para um artesão celta, era um ato de devoção e respeito, onde a escolha dos materiais, a forma e os detalhes eram guiados tanto pelo conhecimento ancestral quanto pela inspiração concedida pelos deuses.

A ligação do artesão com a natureza era sagrada e inseparável. A madeira extraída das árvores veneradas, o metal moldado com destreza e o barro trabalhado com paciência não eram apenas matérias-primas, mas entidades vivas, dotadas de energia própria. Antes de colher qualquer recurso, o artesão celta realizava rituais de agradecimento, pedindo permissão à terra e reconhecendo o espírito contido em cada elemento. Esse respeito pela natureza garantia que o processo criativo fosse uma troca equilibrada, onde a matéria-prima recebia nova vida em forma de arte, mantendo sua essência espiritual intacta. Assim, um amuleto esculpido, uma joia forjada ou uma peça de cerâmica pintada não eram apenas produtos da habilidade manual, mas recipientes de poder, capazes de transmitir proteção, sabedoria e força a quem os possuísse.

Mais do que um simples ofício, o artesanato celta era uma ponte entre o passado e o presente, carregando consigo os mitos, crenças e valores de um povo profundamente conectado ao sagrado. Os padrões entrelaçados, os símbolos gravados e as técnicas passadas de mestre a aprendiz garantiam que a identidade cultural celta permanecesse viva, mesmo diante das mudanças e desafios do tempo. Ainda hoje, esse legado continua a inspirar artistas e criadores ao redor do mundo, lembrando-nos de que a verdadeira arte não está apenas na beleza da forma, mas na intenção e na alma que são impressas em cada detalhe. O caminho do artesão celta nos ensina que a criatividade, quando aliada ao respeito pela tradição e pela espiritualidade, torna-se uma força poderosa de transformação, capaz de conectar o ser humano ao divino e de dar vida a objetos que contam histórias além das palavras.

O artesão celta trabalhava com materiais naturais, extraídos da terra com reverência e gratidão. Madeira, metal, pedra, fibras vegetais e couro eram suas principais matérias-primas, e cada uma possuía uma energia própria, um espírito que precisava ser respeitado e honrado. Antes de colher a madeira, o artesão fazia uma prece ao espírito da árvore, pedindo permissão para retirar um ramo ou um tronco caído. O metal era extraído e moldado com um profundo senso de sacralidade, pois os celtas acreditavam que os minerais vinham das entranhas da terra, o ventre da Grande Mãe, e, por isso, deveriam ser trabalhados com respeito. O barro, moldado pelas mãos e pelo fogo, carregava a essência dos quatro elementos: terra, água, ar e fogo. Cada peça criada era única, não apenas pela habilidade do artesão, mas porque carregava em si a fusão entre a energia do criador, a inspiração da natureza e a bênção dos deuses.

Mais do que um simples ofício, o artesanato celta era uma manifestação da alma do povo, um reflexo de sua espiritualidade e de sua conexão com o mundo natural e invisível. Cada objeto produzido continha um propósito, seja prático, decorativo ou ritualístico. Um broche de bronze ricamente adornado não era apenas um ornamento, mas também um amuleto de proteção; uma faca trabalhada com detalhes simbolizava mais do que uma ferramenta – era um instrumento sagrado, usado em ritos e cerimônias. O ato de criar não era visto apenas como um trabalho, mas como um diálogo com as forças da natureza e com os ancestrais que, através das mãos do artesão, transmitiam seu conhecimento e bênçãos.

O artesão celta vivia de acordo com valores fundamentais que guiavam sua prática e davam sentido a sua arte. O primeiro deles era o respeito absoluto pela natureza, a fonte de toda a matéria-prima e de toda a inspiração. A relação do artesão com a terra não era de exploração, mas de parceria. Cada recurso colhido era utilizado de forma consciente, garantindo que nada fosse desperdiçado e que a harmonia dos ciclos naturais fosse preservada. Além disso, havia um compromisso inabalável com a excelência. Aprender a dominar os materiais e as técnicas era um caminho longo e árduo, e o artesão dedicava anos ao aprimoramento de suas habilidades. Desde jovem, aprendia com um mestre e praticava incansavelmente até atingir um nível de maestria digno dos deuses.

A criatividade também desempenhava um papel essencial no trabalho do artesão celta. Inspirado pelas formas da natureza, pelos mitos e pelas visões transmitidas pelos sonhos e pela meditação, ele buscava constantemente inovar e criar peças que fossem não apenas belas, mas cheias de significado. A originalidade era um dom valorizado, pois acreditava-se que a arte era uma dádiva divina. Criar era um ato sagrado, e por isso, o artesão frequentemente realizava rituais antes de iniciar um novo trabalho. Podia acender velas, oferecer ervas aos espíritos da terra ou entoar cânticos para invocar a inspiração dos deuses.

Cada peça criada era imbuída de magia e espiritualidade. Os celtas acreditavam que certos símbolos e encantamentos podiam conferir proteção, força ou sabedoria aos objetos. Por isso, era comum que o artesão gravasse espirais, nós celtas e representações de animais em suas obras, carregando-as de significado.

Além dos símbolos visíveis, muitos objetos possuíam bênçãos ocultas. Um artesão podia sussurrar palavras de poder sobre uma joia enquanto a polia, ou enterrar uma peça de metal na terra por uma noite para que absorvesse a energia da natureza antes de ser finalizada. Esse aspecto ritualístico do artesanato garantia que os objetos não fossem apenas funcionais, mas também veículos de poder espiritual.

O artesanato celta não era apenas um meio de sobrevivência, mas uma forma de preservar a cultura, transmitir histórias e reforçar a identidade do povo. Cada peça trazia em si os mitos e os valores dos celtas, perpetuando sua tradição de geração em geração. Através do trabalho dos artesãos, os símbolos sagrados eram mantidos vivos, e as crenças do povo continuavam a ser honradas. Assim, o artesanato se tornava um elo entre o passado e o presente, um testemunho da sabedoria ancestral e um guia para aqueles que vinham depois.

Entre as principais formas de artesanato praticadas pelos celtas, a metalurgia ocupava um lugar de destaque. Mestres na arte de trabalhar o bronze, o ferro e o ouro, os celtas criavam armas, ferramentas, joias e objetos cerimoniais de impressionante beleza e complexidade. O trabalho em metal era associado ao deus Lugh, senhor da habilidade e do conhecimento. Um ferreiro celta não era apenas um artesão, mas um guardião de segredos antigos, um alquimista que dominava o fogo e a transformação dos elementos.

A olaria também era amplamente praticada, produzindo vasos, tigelas e outros recipientes de cerâmica usados tanto no dia a dia quanto em rituais. Essa arte estava ligada à deusa Brigid, patrona da poesia, da cura e das artes. O ato de moldar o barro era visto como um reflexo do próprio ciclo da vida, onde a matéria prima era transformada pelo fogo para adquirir forma e resistência.

O trabalho em madeira, por sua vez, era uma habilidade fundamental. Os celtas eram exímios marceneiros e entalhadores, criando móveis, esculturas, utensílios domésticos e objetos rituais. A madeira das árvores sagradas, como o carvalho e o teixo, era especialmente valorizada. Muitas vezes, um simples cajado ou um amuleto talhado em madeira era mais do que um objeto – era um canal de conexão com os espíritos da floresta.

A cestaria e o trançado de fibras vegetais eram outro aspecto importante do artesanato celta. Com técnicas refinadas, os celtas produziam cestos, esteiras e até mesmo vestimentas resistentes. Esses trabalhos estavam ligados aos ciclos da natureza e à própria estrutura da vida, refletindo a ideia de que tudo estava interligado.

As joias celtas, por sua vez, eram verdadeiras obras de arte. Feitas de ouro, prata e bronze, eram adornadas com pedras preciosas, esmaltes e complexos desenhos entrelaçados. Mais do que simples adornos, essas joias carregavam profundo significado espiritual e social. Alguns anéis e broches eram passados de geração em geração como símbolos de linhagem e proteção.

O legado do artesão celta sobrevive até os dias de hoje. Sua visão de mundo, sua dedicação à arte e seu respeito pela natureza continuam a inspirar artistas e criadores ao redor do mundo. Em um tempo em que a produção em massa domina o mercado, o artesanato celta nos lembra do valor do trabalho manual, da conexão entre o criador e sua criação e da importância de preservar a história e a espiritualidade através da arte. Ao compreendermos essa tradição, podemos encontrar inspiração para desenvolver nossas próprias habilidades, cultivar o respeito pela natureza e redescobrir o poder transformador da criatividade. Afinal, a arte, quando feita com alma, é capaz de transcender o tempo e contar histórias que ecoam além das palavras.

    O artesanato celta permanece como um testemunho vivo da alma de um povo que soube transformar matéria em memória, devoção em forma e espiritualidade em arte. Cada peça criada era mais do que um reflexo de habilidade; era um portal entre mundos, um legado impresso em madeira, metal ou pedra que resistiu ao tempo e continua a inspirar. Ainda hoje, ao admirarmos um entrelaçado celta, um broche ancestral ou uma escultura carregada de simbolismo, somos lembrados de que a verdadeira arte não reside apenas na beleza da obra, mas na história que ela carrega e na energia que pulsa em cada traço esculpido pelas mãos do criador.

Capítulo 32
O Caminho do Bardo

Na tradição celta, a figura do bardo era reverenciada como um elo vivo entre o passado e o presente, um guardião da memória coletiva e um transmissor da sabedoria ancestral. Seu dom transcendia a habilidade de compor versos ou tocar melodias; ele era um mestre da palavra e da música, cuja voz ressoava nos corações de seu povo como um fio invisível que os ligava à essência de sua cultura. Sua arte não se limitava à estética, mas possuía um propósito sagrado: registrar os feitos dos heróis, preservar as genealogias, narrar mitos e lendas e manter vivas as lições que guiavam o caminho da comunidade. Em um mundo onde a oralidade era a principal forma de perpetuação do conhecimento, o bardo desempenhava um papel fundamental, garantindo que as histórias de seu povo jamais se perdessem no tempo.

O caminho do bardo não era apenas uma jornada artística, mas também espiritual. Cada palavra proferida carregava um peso imenso, pois os celtas acreditavam que a fala possuía um poder mágico capaz de influenciar a realidade. O bardo dominava essa força, utilizando-a para inspirar, instruir e até mesmo transformar destinos. Seu aprendizado começava cedo, exigindo anos de dedicação para memorizar epopeias inteiras, compreender os símbolos e metáforas da tradição e aperfeiçoar sua capacidade de emocionar e persuadir. Além da poesia e da música, ele também dominava a retórica, a diplomacia e a capacidade de criar metáforas sutis para transmitir verdades profundas. O respeito e a influência que possuía na sociedade celta refletiam sua importância: reis e líderes frequentemente o consultavam para tomar decisões e buscar orientação.

Mais do que um contador de histórias, o bardo era um guardião do sagrado. Suas canções não apenas narravam o passado, mas também conectavam os ouvintes ao mundo espiritual. Ele sabia como evocar as forças da natureza, como utilizar o ritmo e a melodia para curar, e como canalizar mensagens dos deuses e dos ancestrais. Seu papel era unir, inspirar e fortalecer o espírito da comunidade, garantindo que as verdades essenciais de sua cultura nunca se dissipassem. Até hoje, o legado do bardo sobrevive naqueles que usam a palavra e a música para tocar almas, conectar histórias e manter vivas as raízes de sua identidade.

O caminho do bardo celta era uma jornada de profunda conexão com a palavra, a música, a história e a espiritualidade. Desde a infância, os bardos eram iniciados na arte da poesia, da música, da narrativa e da retórica, passando por um rigoroso treinamento que os preparava para serem não apenas artistas, mas também guardiões da memória coletiva de seu povo. Seu aprendizado ia muito além da técnica; exigia uma imersão nos mistérios da tradição oral e na magia da palavra, pois a fala não era apenas um meio de comunicação, mas uma força criadora capaz de moldar a realidade.

No coração da tradição celta, o bardo era muito mais do que um simples cantor ou poeta; ele era um historiador e genealogista, encarregado de preservar a memória de seu povo. Por meio de suas canções e narrativas, ele registrava feitos heroicos, batalhas épicas, mitos e lendas, garantindo que a identidade cultural da comunidade permanecesse intacta ao longo das gerações. Cada nome, cada evento e cada linhagem eram imortalizados em versos cuidadosamente compostos, transmitidos de mestre para aprendiz com a precisão de quem sabia que a história do povo dependia de sua fidelidade aos detalhes.

Mas sua arte não se restringia à história. Como poeta e músico, o bardo possuía o dom de tocar o coração e a alma através da harmonia das palavras e da melodia dos instrumentos. Suas composições não eram apenas para entretenimento; elas expressavam emoções profundas, celebravam a vida, honravam os deuses e fortaleciam os laços da comunidade com o sagrado. Com sua harpa, flauta ou tambor, ele podia tanto embalar uma criança para dormir quanto inspirar guerreiros antes de uma batalha, pois cada nota carregava um significado, cada som era uma ponte entre o humano e o divino.

O bardo também era, acima de tudo, um mestre na arte de contar histórias. Seu talento ia além das palavras; ele sabia como usar sua voz, seu corpo e sua expressão para transportar sua audiência a outros mundos e outras épocas. Suas narrativas não eram apenas relatos do passado, mas sim portais para a imaginação, evocando imagens vívidas e emoções intensas que prendiam a atenção de todos. Seu dom de persuasão era tão poderoso que ele podia transformar uma simples história em uma lição de vida, despertando reflexões profundas naqueles que o ouviam.

Além disso, o bardo desempenhava um papel essencial como guardião da tradição oral. Em uma cultura onde a escrita não era o principal meio de preservação do conhecimento, cabia a ele garantir que os ensinamentos, os valores e os costumes ancestrais fossem transmitidos de geração em geração. Sua voz carregava a sabedoria dos antigos, sua música ecoava as verdades essenciais de seu povo, e sua responsabilidade era imensa, pois sem ele, a memória coletiva poderia se perder com o tempo.

Por essa razão, os bardos também eram vistos como intermediários entre os mundos. Sua sensibilidade lhes permitia se conectar com os deuses, os ancestrais e as forças da natureza, funcionando como canais entre o visível e o invisível. Muitas vezes, suas composições eram inspiradas por sonhos, visões ou sinais da natureza, e suas palavras podiam carregar mensagens vindas do além. Quando entoavam seus cânticos em rituais e cerimônias, acreditava-se que eram capazes de invocar energias poderosas, trazer bênçãos ou mesmo alterar o curso dos acontecimentos.

Os celtas tinham uma crença profunda no poder da palavra falada e cantada. Para eles, a linguagem era uma força ativa no universo, capaz de influenciar a realidade, manifestar desejos e evocar as energias do cosmos. Um bardo habilidoso dominava essa arte com maestria, sabendo como escolher cada palavra para criar efeitos específicos, seja para inspirar coragem, despertar o amor ou até lançar maldições. Sua voz podia erguer reis ou derrubar tiranos, pois sua influência ia além do mero discurso: ela ressoava na alma de seu povo.

A música, por sua vez, também era considerada uma forma de magia. Os bardos sabiam que certas melodias possuíam o poder de curar feridas, aliviar tristezas, fortalecer espíritos e proteger contra influências negativas. Não era incomum que um bardo fosse chamado para tocar em momentos importantes, como nascimentos, casamentos, batalhas e funerais, pois sua presença trazia equilíbrio e harmonia ao ambiente. Suas canções, permeadas de significados ocultos e vibrando em sintonia com o universo, criavam uma atmosfera sagrada que ligava os ouvintes ao mundo espiritual.

Na sociedade celta, os bardos ocupavam uma posição de prestígio, sendo respeitados não apenas por sua arte, mas também por sua sabedoria e conexão com o sagrado. Eles não eram apenas artistas itinerantes, mas conselheiros de reis, juízes, diplomatas e professores. Sua voz podia ser usada para pacificar conflitos, inspirar líderes e até mesmo influenciar decisões políticas. Em um tempo onde a palavra tinha um peso sagrado, os bardos eram os detentores do maior poder de todos: o poder de moldar pensamentos, inspirar corações e manter viva a essência de um povo.

Esse legado sobrevive até os dias de hoje, inspirando músicos, escritores, poetas e buscadores espirituais ao redor do mundo. A arte do bardo celta, carregada de beleza, magia e significado, continua a ecoar nos tempos modernos, lembrando-nos da importância de honrar a palavra, preservar nossas histórias e utilizar a música como uma ponte para o sagrado. Em um mundo cada vez mais carente de conexão com suas raízes, o exemplo dos bardos nos ensina a valorizar nossa própria voz, nossa própria melodia e a encontrar nossa própria maneira de contar a história que habita em nossa alma.

O legado do bardo transcende o tempo, ressoando naqueles que ainda encontram na palavra e na melodia um caminho para a verdade e a conexão com o sagrado. Cada história contada, cada canção entoada, continua a ecoar como um fio invisível entre o passado e o presente, unindo gerações por meio da arte e da memória. Enquanto houver vozes dispostas a cantar, narrar e inspirar, o espírito do bardo jamais será silenciado, e sua missão de preservar a essência de um povo seguirá viva, guiando aqueles que buscam significado na magia das palavras.

Capítulo 33
Vivendo a Espiritualidade Celta

A espiritualidade celta convida a uma jornada de profunda conexão com a natureza, com o sagrado e com a própria essência do ser. Diferente de tradições dogmáticas, seu caminho é fluido, intuitivo e profundamente enraizado na observação do mundo natural e nos ciclos da vida. Viver essa espiritualidade não exige templos ou rituais rígidos, mas sim um despertar da percepção para os sinais sutis da terra, do vento, das águas e do fogo. Cada estação, cada mudança na paisagem, cada criatura que habita os bosques e rios carrega uma mensagem, e cabe ao praticante desenvolver a sensibilidade para compreendê-la. Integrar essa visão ao cotidiano é cultivar uma existência harmoniosa, onde cada ação, cada pensamento e cada intenção ressoam com a sabedoria ancestral dos celtas, transformando o ordinário em sagrado.

Essa jornada começa ao reconhecer que a espiritualidade celta não separa o divino do mundo material, mas o vê pulsando em cada árvore, em cada pedra e no próprio fluxo da vida. Observar o movimento das estações, sentir a energia dos elementos e perceber a dança sutil entre nascimento, crescimento, declínio e renascimento permite alinhar-se com o ritmo do universo. Celebrar os festivais sazonais, como Samhain, Beltane e Lughnasadh, não é apenas honrar a tradição, mas sincronizar-se com as forças primordiais que sustentam a existência. Pequenos gestos diários, como caminhar na natureza com consciência, acender uma vela em honra aos ancestrais ou simplesmente silenciar-se para ouvir a voz do vento, são formas de viver essa conexão.

Além da observação e da sintonia com a natureza, viver a espiritualidade celta significa agir com integridade, honra e respeito pelos ciclos e pelas relações que tecem o grande fluxo da vida. A intuição é valorizada como um guia poderoso, e a prática da magia – entendida como a manifestação da vontade alinhada ao universo – pode se manifestar de diversas formas: desde o uso de ervas e amuletos até o poder das palavras e da música para transformar a realidade. O caminho celta não é apenas um conjunto de crenças, mas um estado de ser, onde cada gesto carrega intenção, cada palavra tem poder e cada momento pode ser uma porta para o sagrado. Ao despertar essa consciência, a vida se torna um fluxo de magia e significado, onde o ordinário e o divino se encontram em perfeita harmonia.

Para viver a espiritualidade celta no dia a dia, é essencial criar momentos de conexão genuína com a natureza, que é vista como um templo sagrado. Mais do que um simples contato, essa interação deve ser intencional e profunda. Caminhar por um bosque ou parque pode se transformar em um ato de contemplação, onde cada folha, cada brisa e cada canto de pássaro traz uma mensagem. Sentar-se sob uma árvore não é apenas descansar, mas sentir sua energia, conectar-se com suas raízes profundas e absorver a sabedoria silenciosa que ela guarda. Observar o nascer do sol deixa de ser um hábito corriqueiro e passa a ser um ritual de renovação, um convite para sintonizar-se com os ciclos da luz e das sombras. Cultivar um jardim se torna mais do que um passatempo, mas um ato de co-criação com a terra, um elo com as forças de crescimento e renovação. Essa interação constante com os elementos permite sentir a presença do sagrado em cada aspecto do mundo natural, fortalecendo o vínculo entre o ser humano e o espírito da terra.

 Os celtas honravam os ciclos da vida como reflexos dos ritmos universais. Assim como a natureza passa por fases de crescimento, plenitude, declínio e renovação, cada pessoa também atravessa suas próprias estações internas. Celebrar os festivais sazonais da Roda do Ano não é apenas reviver uma tradição, mas realinhar-se com essas forças primordiais. Samhain marca o fim e o recomeço, um momento de introspecção e honra aos ancestrais. Beltane celebra a vida e a fertilidade, trazendo alegria e paixão ao espírito. Lughnasadh é tempo de colheita, gratidão e reconhecimento pelos frutos do trabalho e da dedicação. Observar as mudanças nas estações e refletir sobre as transformações pessoais que acontecem em paralelo fortalece essa conexão. Honrar os próprios ciclos significa aceitar que cada fase da vida tem sua beleza e seu propósito—momentos de crescimento e aprendizado, períodos de recolhimento e cura, fases de expansão e celebração.

A gratidão é um pilar fundamental dessa espiritualidade. Reconhecer e agradecer pelas bênçãos recebidas amplia a conexão com o fluxo natural da abundância. Esse sentimento não precisa ser reservado para grandes acontecimentos; ao contrário, deve permear o cotidiano, valorizando desde o alimento à mesa até a presença das pessoas queridas. Um gesto simples, como acender uma vela ao entardecer e agradecer aos deuses e ancestrais pela proteção, pode transformar a energia de um ambiente. Criar um diário de gratidão, anotando diariamente algo pelo qual se sente abençoado, fortalece essa prática e traz um olhar mais atento para as dádivas que muitas vezes passam despercebidas. O universo responde à gratidão com mais bênçãos, pois essa prática abre portas para um fluxo constante de prosperidade e harmonia.

Desenvolver a intuição é outro aspecto essencial da jornada celta. Para os antigos celtas, a intuição era uma bússola interna, um elo direto com a sabedoria do mundo espiritual. A meditação e a contemplação são ferramentas valiosas para aguçar essa percepção. Meditar ao ar livre, ouvindo o sussurro do vento ou o som das águas correntes, ajuda a entrar em sintonia com as mensagens sutis da natureza. Observar padrões e sinais—como a aparição de um animal específico, o formato das nuvens ou o movimento das folhas—pode trazer insights profundos. Confiar nos próprios instintos e ouvir a voz interior são práticas que fortalecem essa conexão intuitiva, permitindo uma orientação mais clara em momentos de dúvida ou transição.

A magia permeia a espiritualidade celta, sendo vista como a manifestação consciente da vontade alinhada às forças da natureza. Incorporar práticas mágicas no dia a dia não exige grandes rituais; pequenos gestos carregados de intenção já possuem um imenso poder transformador. Criar um altar celta em casa, com símbolos sagrados, velas, cristais e oferendas, estabelece um espaço de conexão espiritual. Utilizar ervas em rituais de cura e proteção, como queimar sálvia para purificar um ambiente ou preparar um chá de camomila para acalmar a mente, são formas simples de trazer a magia para a rotina. Amuletos e talismãs com símbolos celtas, como o nó celta ou o trisquel, podem ser usados para proteção e fortalecimento energético. Encantamentos e afirmações pronunciados com intenção têm o poder de moldar a realidade, pois as palavras carregam vibração e propósito. Mais do que feitiços elaborados, a verdadeira magia está na consciência e no respeito ao fluxo natural da vida.

A conexão com os deuses e deusas celtas é uma via de aprendizado e inspiração. Cada divindade possui aspectos e arquétipos que refletem diferentes forças do universo e do ser humano. Honrar essas energias pode ser feito de diversas formas: estudando suas histórias e mitos, dedicando oferendas simbólicas ou simplesmente chamando seus nomes em momentos de necessidade ou gratidão. Brighid, por exemplo, representa a inspiração, a cura e a forja criativa, sendo uma guia poderosa para artistas e curadores. Dagda, o deus pai, é símbolo de prosperidade e proteção. Morrigan, a deusa da soberania e da transformação, ensina a força interior e a coragem para enfrentar mudanças. A relação com essas divindades é pessoal e pode se desenvolver naturalmente à medida que a conexão espiritual se aprofunda.

Viver com honra e integridade é um princípio fundamental no caminho celta. As tradições ancestrais valorizam a verdade, a justiça e o respeito pelos laços que unem todas as formas de vida. Isso significa agir com ética, cumprir promessas, ser leal às suas palavras e escolhas. Respeitar a natureza não apenas como um conceito, mas como uma prática diária—reduzindo o desperdício, tratando os animais com dignidade, valorizando cada elemento vivo do planeta—é uma manifestação dessa honra. Buscar o equilíbrio em todas as ações e relações fortalece essa harmonia, tornando a vida um reflexo dos princípios celtas.

Por fim, a espiritualidade celta convida a celebrar a vida em sua plenitude. Cada dia é uma dádiva, cada encontro carrega um significado, e cada experiência pode ser vivida com magia e encantamento. Dançar, cantar, contar histórias, expressar-se criativamente—tudo isso fortalece a conexão com o sagrado. A música celta, com suas melodias ancestrais, desperta memórias profundas e ressoa com a alma. A arte, em qualquer forma, é um canal de expressão do divino. Compartilhar momentos com amigos e familiares, celebrar os ciclos da natureza e viver com alegria são maneiras de honrar essa tradição milenar.

Para integrar essa espiritualidade no cotidiano, algumas práticas simples podem ser incorporadas: criar um altar em casa como espaço sagrado, usar joias e amuletos com símbolos celtas, ler sobre a mitologia e as tradições, ouvir música celta para se conectar com a energia ancestral, celebrar os festivais sazonais com amigos e familiares, viver em sintonia com a natureza e expressar a criatividade de forma espontânea. Pequenos gestos, carregados de intenção, transformam a vida em um fluxo de magia e significado.

Ao trilhar esse caminho, abre-se um portal para a sabedoria ancestral e para uma existência repleta de beleza, conexão e harmonia. A espiritualidade celta não é apenas um conjunto de crenças, mas uma forma de estar no mundo—com respeito, gratidão e um profundo senso de pertencimento ao grande ciclo da vida.

Seguir a espiritualidade celta é, acima de tudo, permitir-se dançar no ritmo da vida, abraçando a magia presente em cada instante. Não há um destino final, apenas um caminho de aprendizado contínuo, onde a conexão com a natureza, os ancestrais e o sagrado se renova a cada dia. Ao cultivar essa percepção, descobre-se que a espiritualidade não está distante nem restrita a grandes rituais, mas pulsa no sopro do vento, na chama de uma vela acesa, no silêncio de uma noite estrelada. E assim, ao vivê-la com autenticidade, honra-se não apenas os antigos celtas, mas também a essência profunda que nos torna parte desse vasto e misterioso tecido da existência.

Epílogo

Chegamos ao final da nossa jornada pela magia da natureza celta, um caminho que nos conduziu por florestas ancestrais, círculos de pedra, rituais sagrados e encontros com deuses e deusas. Exploramos a cosmologia celta, com seus três reinos interligados, e a importância da conexão com a natureza, com os ancestrais e com o fluxo da vida. Mergulhamos nas profundezas do druidismo, desvendando os segredos dos sacerdotes celtas e sua sabedoria ancestral. Conhecemos o panteão celta, com suas divindades vibrantes e seus mitos e lendas repletos de ensinamentos e inspiração.

Aprendemos sobre a importância dos ciclos naturais, celebrados nos oito festivais da Roda do Ano, e descobrimos como cada festival nos convida a honrar as mudanças das estações, a agradecer pela abundância e a nos conectar com a energia do universo. Exploramos a magia celta, com seus feitiços, encantamentos, ervas, cristais e rituais, e compreendemos como os celtas utilizavam a magia para cura, proteção, prosperidade e transformação.

Ao longo deste livro, buscamos trazer a espiritualidade celta para a vida cotidiana, mostrando como podemos integrar seus ensinamentos e práticas em nosso dia a dia. Vimos como a conexão com a natureza, a meditação, o trabalho com os elementos, a magia com a lua e a celebração dos festivais podem nos ajudar a viver em harmonia com os ciclos da vida, a despertar nossa intuição, a manifestar nossos sonhos e a nos conectar com o sagrado.

A espiritualidade celta é um caminho de encantamento, de conexão com a terra e com o cosmos, e de despertar para a magia que reside em cada um de nós. É um convite para viver com alegria, gratidão e respeito pela vida, honrando a sabedoria ancestral e cultivando uma relação sagrada com o universo.

Esperamos que esta jornada pela magia da natureza celta tenha despertado em você a curiosidade, a inspiração e o desejo de aprofundar seus conhecimentos e sua prática espiritual. Que a sabedoria ancestral dos celtas o guie em sua busca por harmonia, equilíbrio e conexão com o sagrado.

Que a magia da natureza celta esteja com você!

www.ingramcontent.com/pod-product-compliance
Lightning Source LLC
LaVergne TN
LVHW040047080526
838202LV00045B/3536